Testez vos connaissances

Monique Bazin

QCM pour le CRPE Français

Grammaire, orthographe, lexique

hachette
ÉDUCATION

Monique Bazin enseigne le français langue étrangère à l'Institut de Touraine où elle est également responsable des examens et des évaluations. Elle participe aussi à des formations d'enseignants.

Pour Hachette Éducation, le principe est d'utiliser des papiers composés de fibres naturelles, renouvelables, recyclables, fabriquées à partir de bois issus de forêts qui adoptent un système d'aménagement durable.
En outre, Hachette Éducation attend de ses fournisseurs de papier qu'ils s'inscrivent dans une démarche de certification environnementale reconnue.

Intérieur : Médiamax
Couverture : Nicolas Piroux

I.S.B.N. 978-2-01-171313-1

www.hachette-education.com

AVANT-PROPOS

Le présent ouvrage se veut une aide particulièrement efficace pour la préparation à la partie de l'épreuve écrite de français du CRPE visant à évaluer votre connaissance et votre maîtrise de la langue française, en particulier la grammaire, l'orthographe et le vocabulaire.
La première partie de l'ouvrage est constituée par l'ensemble des questions ordonnées en deux grandes sections, le mot et le texte. La première section, organisée par ordre alphabétique (adjectif, adverbe, nom, pronom, verbe), peut être synthétisée dans un dernier chapitre dédié à l'orthographe. La seconde section, consacrée à la cohésion du texte et au sens des mots, trouve son aboutissement dans le tout dernier chapitre d'analyse, logique et grammaticale.
La seconde partie de l'ouvrage propose les corrigés des QCM commentés et complétés du rappel des principales règles à connaître.
À l'exception des deux chapitres qui viennent clore chacun une des deux sections, il n'y a pas de progression, vous pouvez commencer par ce qui vous convient le mieux. Par contre, au sein d'un même chapitre, il est préférable de répondre d'abord à toutes les questions ou ensemble de questions avant de vérifier la validité des réponses, car les commentaires donnés en corrigé pour une question peuvent orienter la réponse aux questions suivantes.
Afin d'offrir la meilleure préparation possible à l'épreuve du CRPE, cet ouvrage s'est donné un double objectif. Il s'agit pour le candidat :
– de vérifier ses connaissances de base en grammaire grâce à une série de questions relativement simples et précises ;
– de compléter et d'enrichir ses connaissances en s'entraînant à raisonner à partir de situations plus complexes, par l'intermédiaire de questions plus ouvertes et présentant une plus grande variété de problèmes à analyser et interpréter.

En fin d'ouvrage, vous pourrez apprécier vos « performances » en remplissant le tableau dans lequel, pour chaque question, vous aurez à cocher l'une des trois cases suivantes : ☺ 😐 ☹.
Il vous appartiendra ensuite d'apprécier si vous devez approfondir tel point ou revoir telle règle. Ce principe d'évaluation n'a rien à voir avec celui de l'épreuve du concours. Il s'agit juste d'une indication pour vous-même.

Instrument efficace pour s'auto-évaluer et s'auto-former, ces QCM seront des outils complémentaires performants au service de votre réussite au concours. Bonne chance !

L'auteur

QCM

LE MOT

LE TEXTE

L'ADJECTIF

Corrigés, p. 82

Les adjectifs de couleur

1. Cochez les phrases correctes et corrigez celles qui ne le sont pas :

	correct	Incorrect + corrigé
a) Des yeux marrons		X
b) Des yeux bleus	X	
c) Des yeux gris bleus		X
d) Des yeux bleu foncé	X	
e) Des cheveux noirs et blancs		X
f) Des cheveux bruns	X	
g) De la soie cramoisie	X	
h) Une veste bleu pétrole	X	
i) Des fleurs oranges		X
j) Des pulls verts pâles		X

Les adjectifs numéraux cardinaux et ordinaux

2. Les ... péchés capitaux.

☐ **A.** septs

☒ **B.** sept

3. Les ... candidats au concours.

☐ **A.** trois mille cinq cent

☐ **B.** trois milles cinq cents

☒ **C.** trois mille cinq cents

4. **Ils ont acheté ... cahiers.**

- ☒ **A.** huit cent cinq
- ☐ **B.** huit cents cinq
- ☐ **C.** huits cents cinq

5. **Il a fêté ses ... printemps.**

- ☐ **A.** quatre-vingt
- ☐ **B.** quatres-vingt
- ☒ **C.** quatre-vingts

6. **Il y avait des ... de manifestants.**

- ☐ **A.** millier
- ☒ **B.** milliers

7. **Il a gagné ... euros au loto.**

- ☒ **A.** deux cent mille
- ☐ **B.** deux cents mille
- ☐ **C.** deux cent milles

8. **Il y avait ... personnes dans la salle.**

- ☒ **A.** cent vingt
- ☐ **B.** cent vingts

9. **Nous avons navigué à trois ... de la côte.**

- ☐ **A.** mille
- ☒ **B.** milles

10. **Ils ont obtenu les ... prix.**

- ☒ **A.** deuxièmes
- ☐ **B.** deuxième

11. **C'est le candidat ... qui a gagné la course.**

- ☐ **A.** quatre-vingts
- ☐ **B.** quatres-vingt
- ☒ **C.** quatre-vingt

L'ADVERBE

Corrigés, p. 84

LA FORMATION DES ADVERBES

12. Ces étudiants fréquentent ... leurs cours.

☒ **A.** assidûment
☐ **B.** assiduement
☐ **C.** assidument

13. Elles ont répondu ... à leur appel.

☐ **A.** gaiment
☒ **B.** gaîment
☒ **C.** gaiement

14. Ils sont ... incroyables !

☒ **A.** vraiment
☐ **B.** vraiement
☐ **C.** vraîment

15. Réagir ... ne sert souvent pas à grand-chose.

☐ **A.** violament
☒ **B.** violemment
☐ **C.** violamment

16. Il est ... mûr pour son âge.

☐ **A.** étonnament
☒ **B.** étonnamment
☐ **C.** étonnemment

17. **Il m'a répondu très...**

☒ **A.** gentiment
☐ **B.** gentilment
☐ **C.** gentillement

18. **Donnez les adverbes correspondant aux adjectifs suivants :**

a) aisé : ....
b) bref : ....
c) content : ....
d) concis : ....
e) éperdu : ....
f) hardi : ....
g) obscur : ....
h) véhément : ....

19. **Expliquez l'origine des adverbes suivants :**

a) grièvement : ....
b) journellement : ....
c) prodigalement : ....
d) traîtreusement : ....

20. **Mettez un accent sur le *e* quand il le faut :**

a) confusement : ....
b) impunement : ....
c) posthumement : ....
d) présentement : ....
e) sommairement : ....
f) uniformement : ....

21. **Soulignez les adverbes dans le texte suivant et expliquez leur formation :**

L'employé, accusé injustement de fraude, nie catégoriquement les faits. Il est véhément. Ses détracteurs le somment expressément de reconnaître formellement un comportement légalement condamnable. Ses amis l'assistent. « *Mais c'est complètement dément !* » s'exclament-ils ingénument. Finalement, notre homme choisit prudemment de se faire assister par un avocat compétent.

Adjectif ou adverbe

22. **a) La jeune fille était ... étonnée.**

- ☒ **A.** tout
- ☐ **B.** toute

b) Adjectif ou adverbe ?

- ☐ **C.** adjectif
- ☒ **D.** adverbe

23. **a) Elles étaient ... là.**

- ☐ **A.** tout
- ☒ **B.** toutes

b) Adjectif ou adverbe ?

- ☒ **C.** adjectif
- ☐ **D.** adverbe

24. **a) Ces vacances m'ont coûté...**

- ☒ **A.** cher
- ☐ **B.** chères

b) Adjectif ou adverbe ?

- ☐ **C.** adjectif
- ☒ **D.** adverbe

25. **a) Les poèmes sont ... beaux.**

- [x] **A.** fort
- [ ] **B.** forts

b) Adjectif ou adverbe ?

- [ ] **C.** adjectif
- [x] **D.** adverbe

26. **a) Les cerfs-volants sont très ... dans le ciel.**

- [ ] **A.** haut
- [ ] **B.** hauts

b) Adjectif ou adverbe ?

- [ ] **C.** adjectif
- [ ] **D.** adverbe

27. **Corrigez les phrases suivantes, si nécessaire :**

a) Ces livres coûtent 15 euros nets.
b) La pluie tombe dru.

28. **Les adjectifs suivants sont-ils invariables ou non ?**

	variable	**invariable**
a) debout		
b) chic		
c) demi		
d) ensemble		
e) net		
f) snob		

LE NOM

Corrigés, p. 88

LE GENRE DES NOMS

29. Masculin ou féminin ? Cochez la bonne case :

	masculin	féminin
a) acné		
b) aérogare		
c) alvéole		
d) augure		
e) écritoire		
f) élastique		
g) exode		
h) oasis		
i) obélisque		
j) octave		
k) omoplate		
l) ovule		
m) planisphère		
n) réglisse		
o) stalactite		

30. Quel est le point commun entre tous ces mots ?

Cartouche, crêpe, enseigne, livre, manche, mémoire, merci, moule, mousse, œuvre, page, parallèle, pendule, poste, somme, vase, voile

....

31. amour – délice – orgue...

☐ **A.** sont toujours masculins
☐ **B.** sont masculins au singulier et féminins au pluriel
☐ **C.** ne s'emploient plus au pluriel
☐ **D.** ont les deux genres au singulier et au pluriel

32. Cochez la phrase correcte :

☐ **A.** Les méchantes gens sont heureux du malheur des autres.
☐ **B.** Les petits gens sont préoccupés de la cherté de la vie.
☐ **C.** Les vieilles gens demandent à être respectées.

33. Les noms d'arbres sont masculins, mais certains sont féminins. Citez-en trois parmi ces derniers :

– ....
– ....
– ....

34. Cochez la bonne proposition :

☐ **A.** des effluves odorants
☐ **B.** des effluves légères

35. La foudre est le feu du ciel. Mais qu'est-ce qu'un foudre ?

☐ **A.** l'attribut de Jupiter
☐ **B.** un grand tonneau
☐ **C.** un amour immédiat

36. a) Les noms en *-eur* sont :

☐ **A.** masculins
☐ **B.** féminins

b) Donnez 3 exceptions.

– ....
– ....
– ....

37. Cochez les noms féminins :

- ☐ **A.** avant-scène
- ☐ **B.** basse-cour
- ☐ **C.** blanche-queue
- ☐ **D.** en-tête
- ☐ **E.** rouge-gorge
- ☐ **F.** sabre-baïonnette

38. Les deux phrases suivantes sont-elles correctes ?

a) Léa est une enfant charmante. ☐ **Oui** ☐ **Non**
b) Jules est un grand enfant. ☐ **Oui** ☐ **Non**

39. Complétez le tableau :

masculin	féminin
a)	brebis
b)	chèvre
c) confrère	
d)	bru
e) lièvre	
f) moine	
g)	oie
h) sanglier	

40. Les mots suivants ont un point commun. Lequel ?

amateur, agent, assassin, bandit, défenseur, escroc, gourmet, médecin, successeur, témoin, vainqueur

....

Le pluriel des noms

41. **Écrivez le pluriel des noms suivants :**

singulier	pluriel
a) un bijou	
b) un fou	
c) un pou	
d) un amiral	
e) un bal	
f) un ail	
g) un éventail	
h) un émail	
i) un soupirail	
j) un landau	

42. **Mettez les phrases suivantes au pluriel :**

a) Le journal local donne des informations sur le festival qui aura lieu dans l'arsenal près du canal.

....

....

b) « Le lavabo de la chambre fuit lamentablement », se plaignit-elle avec un trémolo dans la voix.

....

....

c) Un requiem célèbre ou un récital avec un lied de Schubert était donné dans la cathédrale.

....

....

43. Mettez les phrases suivantes au singulier :

a) Les pneus incendiés ont provoqué des feux de forêt. Les occupants des mas voisins ont dû quitter leur domicile précipitamment. Les malheureux n'avaient même plus d'eau dans leurs puits pour aider les pompiers venus leur porter secours.

....

....

....

....

....

b) En consultant leurs archives, les avocats ont constaté que leurs honoraires n'avaient pas augmenté depuis des laps de temps.

....

....

....

44. Indiquez les pluriels corrects :

a) un aïeul	☐ **A.** des aïeuls	☐ **B.** des aïeux
b) un ciel	☐ **A.** des ciels	☐ **B.** des cieux
c) un œil	☐ **A.** des œils	☐ **B.** des yeux

45. Quels mots changent de sens au pluriel ? Dans ce cas, donnez leurs deux sens :

a) assise : ....

b) bronze : ....

c) délice : ....

d) lunette : ....

e) humanité : ....

f) ciseau : ....

g) moustache : ....

h) pantalon : ....

i) ouïe : ....

j) vacance : ....

46. **Les mots suivants sont-ils au singulier et/ou au pluriel ?**

	singulier	**pluriel**
a) agapes		
b) agrès		
c) bonus		
d) croix		
e) essieux		
f) houx		
g) fourmis		
h) fracas		
i) laquais		
j) mânes		
k) sévices		
l) temps		
m) ténèbres		

Les noms composés

47. **Les ... sont prêts, il faut les envoyer.**

☐ **A.** faire-part
☐ **B.** faire-parts
☐ **C.** faires-parts

48. **Ces enfants sont de véritables ...**

☐ **A.** casse-cou
☐ **B.** casses-cous
☐ **C.** casse-cous

49. **Il aimait par-dessus tout les ...**

☐ **A.** arc-en-ciel
☐ **B.** arcs-en-ciel
☐ **C.** arcs-en-ciels

50. **Les ... devraient être fermés à la circulation.**

☐ **A.** centre-ville
☐ **B.** centres-villes
☐ **C.** centres-ville

51. **Ce musée recèle de véritables ...**

☐ **A.** chef-d'œuvre
☐ **B.** chefs-d'œuvre
☐ **C.** chefs-d'œuvres

52. **Il était toujours invité aux ...**

☐ **A.** avant-première
☐ **B.** avant-premières
☐ **C.** avants-premières

53. **Son travail consistait à soigner les ...**

☐ **A.** nouveau-né
☐ **B.** nouveaux-né
☐ **C.** nouveau-nés
☐ **D.** nouveaux-nés

54. **Dans la famille, c'étaient tous des ...**

☐ **A.** pince-sans-rire
☐ **B.** pinces-sans-rire
☐ **C.** pince-sans-rires
☐ **D.** pinces-sans-rires

55. Le cambrioleur avait forcé tous les ...

- ☐ **A.** coffre-fort
- ☐ **B.** coffres-fort
- ☐ **C.** coffres-forts

56. Il achetait toujours des ... pour sa collection

- ☐ **A.** timbre-poste
- ☐ **B.** timbre-postes
- ☐ **C.** timbres-poste
- ☐ **D.** timbres-postes

LE PRONOM

Corrigés, p. 98

57. Précisez … vous vous référez dans votre discours.

- ☐ **A.** ce à quoi
- ☐ **B.** ce que
- ☐ **C.** à quoi

58. … sont mes problèmes !

- ☐ **A.** ce
- ☐ **B.** ceux

59. On … a donné beaucoup d'informations importantes.

- ☐ **A.** les
- ☐ **B.** leur
- ☐ **C.** leurs

60. Pour terminer, … qui veulent des précisions peuvent poser des questions.

- ☐ **A.** ceux
- ☐ **B.** ceux-ci
- ☐ **C.** ceux-là

61. Qui est la femme sur les genoux … le chat est couché ?

- ☐ **A.** de qui
- ☐ **B.** de laquelle
- ☐ **C.** desquels
- ☐ **D.** desquelles

62. C'est un quartier ... on dit qu'il était très beau autrefois.

- ☐ **A.** qu'
- ☐ **B.** dont
- ☐ **C.** duquel

63. Cochez les bonnes cases :

- ☐ **A.** donne-le-moi !
- ☐ **B.** donne-moi-le !
- ☐ **C.** donne-m'en !
- ☐ **D.** donne-moi-z-en !

64. Cochez les bonnes cases :

- ☐ **A.** mange-les !
- ☐ **B.** mange-en !
- ☐ **C.** manges-en !

65. Cochez la bonne case :

- ☐ **A.** ne me le dis pas !
- ☐ **B.** ne dis-moi-le pas !
- ☐ **C.** ne le me dis pas !

66. Analysez les mots soulignés :

a) <u>Qui</u> aimes-tu le mieux, homme énigmatique, dis ? (Baudelaire)

Qui : ....

b) <u>Ceux</u> qui m'aiment prendront le train. (Chéreau)

Ceux : ....

c) <u>D'aucuns</u> pensent avoir toujours raison.

D'aucuns : ....

d) Je reprends mes clés, je ne <u>leur</u> répéterai pas de vérifier s'ils ont les <u>leurs</u>.

Leur : ....

Leurs : ....

LE VERBE

Corrigés, p. 99

Les conjugaisons

67. **Le ministre ... tout le monde du bien fondé de ces réformes.**

☐ **A.** convainc
☐ **B.** convaint
☐ **C.** convainct

68. **Hier, nous ... comme des fous quand il est entré.**

☐ **A.** rions
☐ **B.** riions
☐ **C.** ririons

69. **Le soir, je m'... devant la télévision et je m'... .**

☐ **A.** assois	☐ **D.** endore
☐ **B.** asseois	☐ **E.** endors
☐ **C.** assieds	☐ **F.** endormes

70. **Il faudrait qu'il ... un peu plus de temps pour finir son mémoire de mastère.**

☐ **A.** aie
☐ **B.** ait
☐ **C.** aît

71. **En 1985, il ... ses études.**

☐ **A.** fini
☐ **B.** finit
☐ **C.** finissa

72. Elle ... à Paris en 1930.

- ☐ **A.** vécu
- ☐ **B.** vécut
- ☐ **C.** véçut

73. À cause de la neige, il ne ... sortir sa voiture du garage.

- ☐ **A.** pu
- ☐ **B.** put
- ☐ **C.** pût

74. Si tu ne les arroses pas bientôt, tes plantes ... .

- ☐ **A.** mouront
- ☐ **B.** mouriront
- ☐ **C.** mourront

75. Les mathématiciens ... les problèmes les plus ardus.

- ☐ **A.** résolvent
- ☐ **B.** résoudent
- ☐ **C.** résouent

76. Je ... ses réactions.

- ☐ **A.** crains
- ☐ **B.** crainds
- ☐ **C.** craints

77. Nous ... de tout sans difficulté.

- ☐ **A.** mangions
- ☐ **B.** mangeions
- ☐ **C.** mangiions

78. Il … des fleurs.

- ☐ **A.** préfèrera
- ☐ **B.** préférera
- ☐ **C.** préferera

79. Il a … l'éponge.

- ☐ **A.** jété
- ☐ **B.** jetté
- ☐ **C.** jeté

80. Il … le geste à la parole.

- ☐ **A.** joingnit
- ☐ **B.** joigna
- ☐ **C.** joignit

81. Nous … les pots cassés.

- ☐ **A.** remplaçons
- ☐ **B.** remplaceons
- ☐ **C.** remplassons

82. Analysez les formes verbales suivantes :

a) sois : ……………………………………………………………………………………

b) j'aurai compris : ……………………………………………………………………

c) aimant : ………………………………………………………………………………

d) nous eûmes fini : ……………………………………………………………………

e) étant licencié : ………………………………………………………………………

f) j'acquerrais : …………………………………………………………………………

g) ils ont été résolus : …………………………………………………………………

h) qu'il tînt : ……………………………………………………………………………

i) ceint : …………………………………………………………………………………

j) s'être assis : …………………………………………………………………………

83. Indiquez le mode et le temps des verbes soulignés :

a) J'attends qu'ils <u>reviennent</u>.

....

b) J'espérais qu'ils <u>sauraient</u> faire.

....

c) Il l'<u>eût su</u> plus tôt, il eût pu prendre les mesures nécessaires.

....

d) <u>Puisses</u>-tu réussir.

....

e) Quand elles <u>eurent été mises</u> au jour, les sculptures furent transportées au musée.

....

f) Je pensais que nous <u>étudiions</u> la poésie en dernière année.

....

84. Conjuguez les verbes suivants aux temps, modes et personnes indiqués :

a) convaincre, 1re personne singulier subjonctif imparfait : ....
b) cuire, 1re personne singulier indicatif passé simple : ....
c) bouillir : 2e personne singulier indicatif présent : ....
d) clore : 2e personne singulier indicatif imparfait : ....
e) croître, 1re personne singulier indicatif passé simple : ....
f) pourvoir, 1re personne pluriel conditionnel présent : ....
g) survenir, 2e personne pluriel conditionnel passé : ....
h) naître, 3e personne pluriel passé antérieur : ....
i) jeter, 1re personne pluriel subjonctif plus-que-parfait : ....
j) épeler, 1re personne pluriel futur simple : ....

85. Cochez les verbes à l'impératif correctement orthographiés :

- ☐ **A.** vas
- ☐ **B.** assois-toi
- ☐ **C.** chantes-en
- ☐ **D.** rappellez-vous
- ☐ **E.** pars
- ☐ **F.** prend
- ☐ **G.** cours
- ☐ **H.** jette-les
- ☐ **I.** fait-la
- ☐ **J.** laves-toi
- ☐ **K.** assieds-toi
- ☐ **L.** paye

86. *Falloir* est un verbe défectif. Donnez la définition d'un verbe défectif et citez-en 5 autres :

– ....
– ....
– ....
– ....
– ....

L'ACCORD DU VERBE

87. Cette pile de livres ... de s'écrouler.

☐ **A.** risque
☐ **B.** risquent

88. La plupart des enfants ... les films d'animation.

☐ **A.** aime
☐ **B.** aiment

89. Il était effrayé par la foule des gens qui ... .

☐ **A.** grossissait
☐ **B.** grossissaient

90. Une multitude d'oiseaux ... dans la région.

☐ **A.** s'est abattue
☐ **B.** se sont abattus

91. Avec la crue, la moitié des maisons ... .

☐ **A.** fut inondée
☐ **B.** furent inondées

92. La moitié des conseillers ... pour la réforme, l'autre moitié contre.

☐ **A.** était
☐ **B.** étaient

93. Une douzaine d'enfants ... dans le parc.

☐ **A.** jouait
☐ **B.** jouaient

94. Ni l'un ni l'autre ne ... .

☐ **A.** se décidait
☐ **B.** se décidaient

95. La force ou la ruse leur ... d'un grand secours dans cette situation.

☐ **A.** sera
☐ **B.** seront

96. Ni Pierre ni Paul ne ... l'époux de la comtesse.

☐ **A.** deviendra
☐ **B.** deviendront

97. J'en connais plus d'un qui ... toujours au Père Noël.

☐ **A.** croit
☐ **B.** croient

98. Moins de deux mois ... pour terminer ce travail.

☐ **A.** suffit
☐ **B.** suffisent

99. Le lion ainsi que la panthère ... à la famille des félidés.

☐ **A.** appartient
☐ **B.** appartiennent

100. C'est moi qui vous ... appelé.

☐ **A.** a
☐ **B.** ai

101. Sa colère, sa rage l'... .

☐ **A.** étouffait

☐ **B.** étouffaient

102. Il visitait chaque église, chaque palais, chaque bâtisse qui ... un intérêt artistique.

☐ **A.** présentait

☐ **B.** présentaient

103. Il profitait pleinement du peu de vacances qui lui ...

☐ **A.** restait

☐ **B.** restaient

104. Justifiez l'accord des verbes dans la phrase suivante :

L'un comme l'autre déploraient le peu de cheveux qui leur restait, d'autant que ce peu de cheveux étaient gris.

105. Conjuguez le verbe entre parenthèses au présent :

La plupart d'entre nous ne (savoir) .... comment tel point ou telle règle de grammaire (s'expliquer) ....

106. Même consigne :

Par ailleurs, une foule de gens (dire) .... que ce (être) .... là des sujets sans importance.

107. Même consigne :

Elle et moi (penser) .... que ni lui ni toi ne (devoir) .... prendre une décision trop rapidement.

Les accords du participe passé

108. Des erreurs, j'en ... beaucoup, mais pas plus que vous !

☐ **A.** ai fait

☐ **B.** ai faites

109. Voici la lettre qu'ils ont ... que je leur enverrai.

- ☐ **A.** cru
- ☐ **B.** crue
- ☐ **C.** crus

110. Les artistes qu'elle a ... chanter avaient tous du talent.

- ☐ **A.** entendu
- ☐ **B.** entendus
- ☐ **C.** entendue

111. Elle a acheté les 2 tableaux qu'elle avait ... réaliser dans l'atelier du peintre.

- ☐ **A.** vu
- ☐ **B.** vue
- ☐ **C.** vus

112. Que de kilomètres elle a ... !

- ☐ **A.** couru
- ☐ **B.** courue
- ☐ **C.** courus

113. Elle racontait les aventures incroyables qu'elle avait ... .

- ☐ **A.** vécu
- ☐ **B.** vécue
- ☐ **C.** vécues

114. Tu n'imagines pas les efforts qu'il ... pour obtenir ce maigre résultat !

- ☐ **A.** a fallu
- ☐ **B.** a fallus

115. La demande a été ... .

- ☐ **A.** rejeté
- ☐ **B.** rejetée
- ☐ **C.** rejettée

116. Les clientes ont ... la lettre d'invitation aux soldes privés.

☐ **A.** reçu
☐ **B.** reçue
☐ **C.** reçues

117. C'étaient des immeubles qu'on avait ... .

☐ **A.** cru abandonnés
☐ **B.** crus abandonné
☐ **C.** crus abandonnés

118. Les clients ... que les produits vendus étaient périmés.

☐ **A.** se sont rendu compte
☐ **B.** se sont rendus compte
☐ **C.** se sont rendus comptes

119. ... de lui, il a tendance à ne pas respecter ses promesses.

☐ **A.** Elle s'est toujours méfié
☐ **B.** Elle s'est toujours méfiée

120. Ils se sont rencontrés, et ... au premier regard.

☐ **A.** ils se sont plu
☐ **B.** ils se sont plûs
☐ **C.** ils se sont plus

121. Les jours de pluie ... sans interruption.

☐ **A.** se sont succédé
☐ **B.** se sont succédés

122. Elles se sont juste ... la main.

☐ **A.** serré
☐ **B.** serrée
☐ **C.** serrées

123. Elle ... les cheveux très courts.

☐ **A.** s'est fait coupé
☐ **B.** s'est fait couper
☐ **C.** s'est faite couper

124. Elles ne se sont pas ... de l'heure du départ.

☐ **A.** souvenu
☐ **B.** souvenues

125. Vous ne les avez jamais ..., les secrets qu'elles s'étaient ... .

☐ **A.** découvert ☐ **B.** confié
☐ **C.** découverts ☐ **D.** confiés
☐ **E.** découvertes ☐ **F.** confiées

126. Lequel des deux participes passés de *laisser* faut-il accorder au féminin ?

La vieille dame s'est (laissé) (**A**) conduire docilement jusqu'au fauteuil où elle s'est (laissé) (**B**) tomber lourdement.

☐ **A.** ☐ **B.**

127. Accordez s'il le faut le participe passé entre parenthèses.

Après s'être (connu) .... sur Internet, s'être (écrit) .... pendant des mois, ils s'étaient enfin (donné) .... rendez-vous et (rencontré) .... dans un bar.

128. Les réponses étaient ... dans le désordre.

☐ **A.** donné
☐ **B.** donnés
☐ **C.** données

129. Les restaurateurs avaient ... les tables et les chaises.

☐ **A.** sorti
☐ **B.** sortis
☐ **C.** sorties

130. **Tous les étudiants étaient ... dans la rue.**

- ☐ **A.** descendu
- ☐ **B.** descendus
- ☐ **C.** descendue

131. **Les résultats étaient meilleurs qu'on ne l'avait ... .**

- ☐ **A.** espéré
- ☐ **B.** espérés

132. **Quelle peur vous nous avez ... .**

- ☐ **A.** fait !
- ☐ **B.** faits !
- ☐ **C.** faite !

Les modes

Futur ou conditionnel ?

133. **Si j'étais plus jeune, je vous ... .**

- ☐ **A.** accompagnerai
- ☐ **B.** accompagnerais
- ☐ **C.** accompagnerez

134. **S'il vient, je lui ... son cadeau.**

- ☐ **A.** offrirai
- ☐ **B.** offrirais
- ☐ **C.** offrirait

135. **Si tu ..., tu n'en serais pas là aujourd'hui.**

- ☐ **A.** m'écoutes
- ☐ **B.** m'aurais écouté
- ☐ **C.** avais écouté

136. a) J'… les accompagner.

☐ **A.** aurai aimé

☐ **B.** aurais aimé

☐ **C.** aurez aimé

b) Cette forme verbale exprime :

☐ **D.** un souhait

☐ **E.** un regret

☐ **F.** un futur dans le passé

137. …-je partir avant 8 heures, s'il vous plaît ?

☐ **A.** Pourrai

☐ **B.** Pourrais

☐ **C.** Pourais

Indicatif ou subjonctif ?

138. Je vous téléphonerai … .

☐ **A.** avant que je parte

☐ **B.** avant que je pars

☐ **C.** avant de partir

139. … qu'elle sera là.

☐ **A.** Il est probable

☐ **B.** Il est possible

☐ **C.** Il est certain

140. Quels verbes sont au subjonctif ?

☐ **A.** Il me semble qu'ils disent la vérité

☐ **B.** Qu'elles viennent avec nous !

☐ **C.** J'espère qu'elle chante bien

☐ **D.** Je suis ravi qu'elles partent

141. **J'aimerais que tu me … .**

- ☐ **A.** crois
- ☐ **B.** croies
- ☐ **C.** croyes

142. **Je tiens à ce qu'il me … pour ce travail.**

- ☐ **A.** paie
- ☐ **B.** paye
- ☐ **C.** pait

143. **J'attends qu'il … fini.**

- ☐ **A.** a
- ☐ **B.** est
- ☐ **C.** aie
- ☐ **D.** ait

144. **Il semble que vous ne … plus assumer ces responsabilités.**

- ☐ **A.** voulez
- ☐ **B.** vouliez
- ☐ **C.** veuillez

145. **C'est le seul roman qu'il … lu.**

- ☐ **A.** a
- ☐ **B.** ait
- ☐ **C.** est

146. **C'était la première fois qu'il … la mer.**

- ☐ **A.** voit
- ☐ **B.** voyait
- ☐ **C.** vît

147. Neil Armstrong est le premier homme qui ... marché sur la Lune.

☐ **A.** a

☐ **B.** ait

☐ **C.** eut

148. C'est le film le plus intéressant que j'... vu.

☐ **A.** ai

☐ **B.** aie

☐ **C.** avais

Indicatif, conditionnel ou subjonctif ?

149. Au cas où vous ... un moment, passez me voir.

☐ **A.** aurez

☐ **B.** auriez

☐ **C.** ayez

150. Si j'... su, je n'aurais pas fait cette bêtise.

☐ **A.** aurais

☐ **B.** aurai

☐ **C.** avais

151. Si tu viens dimanche et qu'il ne ... pas, on va se balader en forêt.

☐ **A.** pleut

☐ **B.** pleuve

☐ **C.** pleuvrait

152. Il est juste que tu ... été choisi.

☐ **A.** es

☐ **B.** aies

☐ **C.** aurais

153. Je ne nie pas qu'il ... plus de temps pour réussir.

☐ **A.** faudrait
☐ **B.** faille
☐ **C.** faut

154. Tout malade qu'il ..., il a fait ce long trajet à pied !

☐ **A.** est
☐ **B.** soit
☐ **C.** serait

155. Bien qu'il ... le train tous les jours, il n'a pas d'abonnement.

☐ **A.** prend
☐ **B.** prenne
☐ **C.** prendrait

156. *En aurait-il la possibilité, il n'achèterait pas de maison.* Le conditionnel dans cette phrase exprime :

☐ **A.** le futur dans le passé
☐ **B.** l'hypothèse
☐ **C.** la concession

157. Conjuguez aux temps et modes qui conviennent :

Si vous (passer) .... un examen et que vous (savoir) .... qu'un étudiant (tricher) ...., que feriez-vous ? Pensez-vous qu'il (falloir) .... le signaler de sorte qu'il (être) .... éliminé de la session et peut-être interdit d'examen pendant plusieurs années ? Il est peu probable que les autorités en la matière (vouloir) .... prendre une mesure qui (pouvoir) .... paraître laxiste ; au contraire, il est vraisemblable qu'elles (faire) .... en sorte d'être exemplaires.

Les voix

158. Quelle phrase n'a pas de sens passif ?

- ☐ **A.** La neige est tombée.
- ☐ **B.** Un immeuble sera construit.
- ☐ **C.** Ces livres se vendent bien.
- ☐ **D.** Il est apprécié de ses amis.
- ☐ **E.** Elle s'est fait voler ses papiers.

159. Quelles phrases sont à la forme active ?

- ☐ **A.** Il avait été séduit.
- ☐ **B.** Il les a mangés.
- ☐ **C.** Un cadeau lui a été offert.
- ☐ **D.** Il s'est fait un café.
- ☐ **E.** Le docteur est passé.

160. Mettre à la voix passive si c'est possible :

a) Les victimes pardonneront-elles à leurs bourreaux ?

....

b) Le jury a annoncé les résultats du concours au public.

....

c) L'information est sortie le soir même.

....

d) Les voyageurs ont leur passeport.

....

e) On nous permettait tout.

....

161. Mettre à la voix active si c'est possible :

a) Les discussions se sont poursuivies tard.

....

b) Des tests seront effectués bientôt.

....

c) Les grévistes ont été interviewés par les journalistes.

....

d) Les matchs sont retransmis à la radio.

....

e) Il s'est laissé prendre par l'ambiance de la fête.

....

162. Dans les séries suivantes, une des deux phrases peut se mettre à la voix passive. Laquelle ?

☐ **A.** Les téléspectateurs regardent l'allocution du président.
☐ **B.** Cette histoire regarde le président.
☐ **C.** Le film comprend deux parties.
☐ **D.** Les étudiants comprennent les explications du professeur.
☐ **E.** Le directeur présente le nouveau cadre au personnel.
☐ **F.** Cette affaire présente des difficultés.
☐ **G.** Les géomètres mesurent la rue.
☐ **H.** La rue mesure 150 mètres.

163. Combien de verbes sont à la voix passive dans la phrase suivante ?

Après avoir été réparés, les livres furent remis sur l'étagère où ils avaient toujours été, et d'où ils étaient tombés quand le ménage avait été fait.

164. Bien qu'il ... sur le fait, il nie être l'auteur du vol.

☐ **A.** ait pris
☐ **B.** ait été pris
☐ **C.** était pris

165. À quel mode, à quel temps et à quelle voix est le verbe *finir* dans la phrase suivante ?

Les examens étant finis, les étudiants peuvent partir en vacances.

....

166. À quel mode, à quel temps et à quelle voix est le verbe dans la phrase suivante ?

Soyez rentrés avant minuit !

....

167. Complétez par la préposition *par* ou *de* :

a) La conférence était suivie .... un débat.
b) Ses créations étaient admirées .... tous.
c) Les nouvelles tendances sont suivies .... toutes les victimes de la mode.

Participe présent ou adjectif verbal

168. Ce sont les personnes ... dans l'immeuble.

- ☐ **A.** résidant
- ☐ **B.** résidentes
- ☐ **C.** résidantes

169. Elles ont été très ... avec la propreté des locaux.

- ☐ **A.** négligeant
- ☐ **B.** négligeantes
- ☐ **C.** négligentes

170. Les conférencières ... leur public n'ont pas été très appréciées.

- ☐ **A.** fatigant
- ☐ **B.** fatiguant
- ☐ **C.** fatiguantes

171. Leurs explications n'ont pas été très ... .

- ☐ **A.** convainquant
- ☐ **B.** convaincant
- ☐ **C.** convaincantes

172. Ce n'est pas la somme ... à ce qui était décidé.

- ☐ **A.** équivalent
- ☐ **B.** équivalant
- ☐ **C.** équivalante

173. Complétez le tableau suivant avec les formes verbales correspondantes :

Le soir tombant sur la ville et le bus étant bondé, tremblant de froid, il monta dans le taxi attendant le client pour aller voir séance tenante le spectacle étonnant dont il avait lu un compte rendu alléchant sur un site excellant à donner des informations culturelles différentes du tout-venant.

Participe présent	Adjectif verbal
....	....
....	....
....	....
....	....
....	....

174. Écrivez l'adjectif verbal correspondant au participe présent donné :

a) adhérant : ....

b) coïncidant : ....

c) convergeant : ....

d) excédant : ....

e) exigeant : ....

f) équivalant : ....

g) intriguant ....

h) piquant : ....

i) provoquant : ....

j) vaquant : ....

175. Quel est le participe présent de ... :

a) pouvoir	☐ **A.** pouvant	☐ **B.** puissant
b) savoir	☐ **A.** savant	☐ **B.** sachant
c) valoir	☐ **A.** valant	☐ **B.** vaillant
d) vouloir	☐ **A.** voulant	☐ **B.** veuillant

176. Corrigez les formes erronées.

Les trottoirs rendus glissant par le verglas ont causé la chute d'une vieille dame aux cheveux grisonnant, engoncée dans une fourrure flambant neuf. Elle était soi-disant malade, brûlante de fièvre et, toute honte cessante, émit des cris déchirants.

....

....

....

....

....

177. Son courage ne vacillant pas, il fut pourtant contraint d'abandonner en raison de ses forces défaillantes.

Vacillant est ici un participe présent. Qu'est-ce qui, grammaticalement, permet de le reconnaître comme tel ?

....

....

L'ORTHOGRAPHE

Corrigés, p. 119

Quelques difficultés

178. *T, C, SS, SC* ? Complétez les mots suivants :

a) démocra...ie
b) iner...ie
c) spa...ial
d) a...enseur
e) éclair...ie
f) substan...iel
g) convale...ence
h) di...ipliné
i) di...ipé

179. Veuillez me régler la somme ... .

☐ **A.** due
☐ **B.** dûe

180. Tout le monde s'en allait, ... chez soi.

☐ **A.** chaqu'un
☐ **B.** chacun
☐ **C.** chac'un

181. C'est la société qu'il a ... .

☐ **A.** crée
☐ **B.** créé
☐ **C.** créée

Les doubles consonnes

182. Doublez les consonnes s'il le faut dans ces mots de même famille :

a) car...iole
b) char...iot
c) char...ette
d) combat...re
e) combat...ant
f) combat...if
g) hon...eur
h) hon...orer
i) hon...orifique

183. Ajoutez un « s » si nécessaire :

a) as...ocial
b) dis...ymétrie
c) res...urgir
d) vrais...emblable

184. Ajoutez un « f » s'il le faut :

a) sif...ler
b) persif...ler
c) souf...rir
d) essouf...ler
e) boursouf...ler

185. Ajoutez un « p » s'il le faut :

a) envelop...er
b) éclop...er
c) achop...er
d) galop...er
e) syncop...er
f) dévelop...er

186. Identifiez le mot bien orthographié :

a) ☐ **A.** j'aménage ☐ **B.** j'amménage

b) ☐ **A.** j'apelle ☐ **B.** j'appelle

c) ☐ **A.** j'atends ☐ **B.** j'attends

d) ☐ **A.** j'adopte ☐ **B.** j'addopte

e) ☐ **A.** j'agrafe ☐ **B.** j'aggrafe

187. Identifiez l'intrus mal orthographié et réécrivez-le correctement :

a) ☐ **A.** agréger ....

☐ **B.** agglomérer ....

☐ **C.** agglutiner ....

☐ **D.** agraver ....

☐ **E.** agrandir ....

b) ☐ **A.** atterrir ....

☐ **B.** atermoyer ....

☐ **C.** attabler ....

☐ **D.** attiédir ....

☐ **E.** atraper ....

c) ☐ **A.** apercevoir ....

☐ **B.** aplanir ....

☐ **C.** apparaître ....

☐ **D.** apauvrir ....

☐ **E.** apprivoiser ....

d) ☐ **A.** abeille ....

☐ **B.** abatiale ....

☐ **C.** abandon ....

☐ **D.** abattoir ....

188. Dans quels mots faut-il doubler la consonne de la syllabe initiale ?

a) ☐ **A.** car...avane
☐ **B.** car...otte
☐ **C.** car...eau
☐ **D.** car...efour

b) ☐ **A.** én...ergie
☐ **B.** en...eigement
☐ **C.** én...ormité
☐ **D.** en...ui

c) ☐ **A.** ac...ident
☐ **B.** ac...ord
☐ **C.** ac...ompte
☐ **D.** ac...oustique

d) ☐ **A.** sol...itude
☐ **B.** sol...icitation
☐ **C.** sol...ution
☐ **D.** sol...arisation

e) ☐ **A.** in...apte
☐ **B.** in...ondé
☐ **C.** in...ocent
☐ **D.** in...ouï

Les finales des mots

189. Trois mots en français se terminent par *-mne*. Quels sont-ils ?

– ....
– ....
– ....

190. Identifiez l'intrus mal orthographié et réécrivez-le correctement :

a) ☐ **A.** peignoire ....
☐ **B.** réfectoire ....
☐ **C.** bougeoir ....
☐ **D.** auditoire ....

b) ☐ **A.** délai ....
☐ **B.** relai ....
☐ **C.** balai ....
☐ **D.** essai ....

c) ☐ **A.** essor ....
☐ **B.** ressort ....
☐ **C.** remort ....
☐ **D.** dehors ....

d) ☐ **A.** pâlotte ....
☐ **B.** falote ....
☐ **C.** vieillote ....
☐ **D.** bigote ....

191. Identifiez et corrigez les verbes mal orthographiés :

a) ☐ **A.** craindre ....
☐ **B.** enfraindre ....
☐ **C.** plaindre ....

b) ☐ **A.** ceindre ....
☐ **B.** contreindre ....
☐ **C.** éteindre ....

192. Identifiez et corrigez les mots dont la finale est mal orthographiée :

☐ **A.** canulard ....
☐ **B.** essart ....
☐ **C.** renard ....
☐ **D.** phard ....

193. **Mettez un accent circonflexe sur le « a » quand il le faut :**

- ☐ **A.** idolatre
- ☐ **B.** pédiatre
- ☐ **C.** platre
- ☐ **D.** psychiatre

194. ***-èle* ou *-elle* ? Complétez correctement les mots suivants :**

a) at...
b) client...
c) mod...
d) fic...
e) vermic...

195. **Comment s'écrit la finale /-ute/ dans les mots suivants ?**

a) b...
b) fl...
c) l...
d) min.....

196. **/-ussion/ ou /-ution/ ?**

a) disc...
b) perc...
c) révol...
d) sol...

Les lettres muettes

197. **Identifiez l'intrus et réécrivez-le correctement :**

- ☐ **A.** agréement ....
- ☐ **B.** atermoiement ....
- ☐ **C.** enrouement ....
- ☐ **D.** éternuement ....
- ☐ **E.** reniement ....

198. **Cochez la bonne case :**

- ☐ **A.** onion
- ☐ **B.** oignon
- ☐ **C.** ognon

199. **Identifiez l'intrus et réécrivez-le correctement :**

- ☐ **A.** anachorète ....
- ☐ **B.** anchre ....
- ☐ **C.** choral ....
- ☐ **D.** chrême ....

200. **Mettez un « h » quand il le faut :**

a) liturgique ....
b) atée ....
c) atlète ....
d) anatème ....
e) bizuter ....

201. **Cochez la bonne case :**

- ☐ **A.** acueil
- ☐ **B.** accueil
- ☐ **C.** acceuil

Les signes diacritiques

202. **Placez les accents et les trémas :**

Il connait un enonce qu'un poete celebre a repete sans arret d'une voix aigue a tue-tete

203. Ajoutez les accents (aigu, grave, circonflexe) et le tréma quand c'est nécessaire :

a) canoe
b) arome
c) aromatiser
d) ambiguite
e) surete
f) creche

204. Même exercice :

a) abces
b) homogene
c) homogeneiser
d) impot
e) imposer
f) ubiquite

205. Mettez un trait d'union quand il le faut :

a) un roman photo
b) un compte rendu
c) une maison close
d) le savoir vivre
e) un porte monnaie
f) un tiroir caisse

206. Même exercice :

a) un faux fuyant
b) un faux jeton
c) un pique nique
d) un jean foutre
e) une queue de poisson
f) à la queue leu leu

207. Corrigez les mots en italique s'ils sont mal orthographiés :

a) C'est *tout-à-fait* clair maintenant.
b) Un homme *au-dessus* de tout soupçon.
c) Il a répondu du *tac-au-tac.*
d) Il a envoyé son *curriculum-vitæ.*
e) Il a tout compris, *c'est-à-dire* rien !
f) Je n'ai aucun scrupule *vis-à-vis* de lui.

208. Même exercice :

a) On se voit encore *de temps en temps.*
b) On ne se voit plus que de *loin-en-loin.*
c) Ce *face-à-face* télévisé n'avait aucun intérêt.
d) Il fit *volte face*, lui tournant ainsi le dos.
e) C'est un vrai *crève cœur* de le laisser ainsi.
f) Il a été interpellé *au saut du lit.*

209. Mettez la cédille là où elle est nécessaire :

a) un ravalement de facade
b) un chemin ronceux
c) un pincement au cœur
d) le caducée des médecins
e) un sucon dans le cou
f) un processus archaïque
g) des lèvres gercées

210. Même exercice :

a) de lourds soupcons
b) des gencives sensibles
c) une procession d'imbéciles
d) un procès inique
e) des silhouettes graciles
f) des cellules phagocytes
g) une salade nicoise

211. Mettez la cédille là où elle est nécessaire :

a) Cette machine a un cycle de rincage à 1 200 tours.
b) Nice est en province mais pas en Provence, n'est-ce pas ?
c) Malgré quelques bons placements, je me suis fait rincer par la Bourse.
d) J'ai pour précepte de ne jamais chercher à précipiter les événements.
e) Il est vraiment influencable. C'est une facette de sa personnalité que je ne soupconnais pas.

212. Même exercice :

a) Après des débuts comme-ci comme-ca, il a fait une percée époustouflante sur ce marché.
b) J'ai écoulé bien des étés paresseux sous les arceaux de cette tonnelle provencale.
c) J'ai été très décu par ce remplacant, incapable de prendre la moindre décision.
d) Si son attitude m'agacait déjà par le passé, elle m'agace plus encore aujourd'hui.
e) J'apprécie peu les courriers du percepteur, excepté si c'est pour recevoir un recu de trop-percu.

LA COHÉSION DU TEXTE

Corrigés, p. 129

▶ La concordance des temps

213. Quand il … à la retraite, il voyagea.

☐ **A.** partit
☐ **B.** fut parti
☐ **C.** fût parti

214. Il lut avec plaisir le livre qu'on lui … .

☐ **A.** a offert
☐ **B.** eut offert
☐ **C.** avait offert

215. Il allume la télévision quand il … dîné.

☐ **A.** a
☐ **B.** eut
☐ **C.** avait

216. Après qu'il … fini son travail, il a pris un livre.

☐ **A.** ait
☐ **B.** eut
☐ **C.** a eu

217. Je voulais qu'elle … .

☐ **A.** comprenne
☐ **B.** comprît
☐ **C.** ait compris

218. **Il m'a dit qu'il ... demain.**

- ☐ **A.** vient
- ☐ **B.** viendra
- ☐ **C.** viendrait

219. **Elle ne savait pas ce qu'il ... quand il ... connaissance des résultats.**

- ☐ **A.** fera
- ☐ **B.** prendra
- ☐ **C.** ferait
- ☐ **D.** prendrait
- ☐ **E.** aura fait
- ☐ **F.** aurait pris

220. **Mettez le verbe en italique au présent de narration et faites les transformations nécessaires des formes verbales :**

Il *entra* et, en attendant qu'on le conduisît à une table, regarda autour de lui les clients qui mangeaient, s'amusa de ceux qui avaient glissé la serviette dans le col de la chemise ; il songea à ce qu'il pourrait commander à dîner et décida qu'une soupe lui suffirait.

....

....

....

....

....

221. **Mettez le verbe en italique au passé simple et faites les transformations nécessaires des formes verbales :**

Les voyageurs *se dirigent* vers le car qui les attend devant l'hôtel. Ils iront visiter le site dont le guide leur a vanté l'intérêt. Certains rechignent et émettent le désir qu'on les laisse se reposer davantage, mais le guide fait la sourde oreille. Dès qu'ils ont tous pris place, le chauffeur démarre.

....

....

....

....

....

222. Corrigez les erreurs de temps :

A. Après que le vendeur m'ait expliqué comment faire, je peux monter cette armoire en kit sans problème.

....

B. Je ne voudrais pas que tu fasses plus tard les erreurs que j'avais faites dans ma jeunesse.

....

223. Je demanderai qu'on vous ... la prochaine fois.

- ☐ **A.** prévient
- ☐ **B.** préviendrait
- ☐ **C.** prévienne

224. Il faut que vous ... avant 5 heures.

- ☐ **A.** finissez
- ☐ **B.** finiriez
- ☐ **C.** ayez fini

225. Je souhaitais qu'il finît tôt.
a) Dans cette phrase, *finît* est :

- ☐ **A.** un présent
- ☐ **B.** un imparfait
- ☐ **C.** un passé simple

b) En relation avec le verbe principal, il exprime :

- ☐ **A.** une simultanéité
- ☐ **B.** une antériorité
- ☐ **C.** une postériorité

226. Je doute qu'elle nous ... .

- ☐ **A.** croit
- ☐ **B.** croira
- ☐ **C.** ait crus

227. Il a cru que le téléphone ... .

- ☐ **A.** sonne
- ☐ **B.** sonnait
- ☐ **C.** a sonné

Le discours rapporté

228. Dans le texte suivant, citez les différentes marques du discours direct :

Le garçon devant l'écran noir de son ordinateur s'écria : « Oh non, c'est quoi c'truc ! C'est pas vrai ! Y a mon ordi qu'a encore planté ! J'y crois pas ! » Avisant une de ses connaissances réputée experte en la matière, il l'apostropha en ces termes : « Eh dis donc, toi ! L'as de l'informatique ! T'aurais pas un moment pour venir voir c'qui va pas ? »

229. Écrivez dans le tableau les transformations attendues au discours indirect :

Discours direct	Discours indirect
est-ce que … ?	
verbe + sujet ... ?	
qu'est-ce qui … ?	
qui est-ce qui … ?	
maintenant	
cet après-midi	
dans une semaine	
il y a 3 jours	
la semaine dernière	
samedi prochain	

230. Transformez au discours direct le texte suivant :

Elle suppliait son ami de l'accompagner le surlendemain chez son garagiste. Il lui dit qu'il ne pourrait se libérer qu'à 3 heures. Le remerciant chaleureusement, elle demanda s'il pourrait venir la chercher là en voiture. Ils iraient ainsi directement et elle rentrerait ensuite avec son propre véhicule.

231. Dans le texte suivant, repérez les différentes formes de discours rapporté. Expliquez comment vous les avez identifiées :

« Emma se répétait :

– Pourquoi, mon Dieu ! me suis-je mariée ?

Elle se demandait s'il n'y aurait pas eu moyen, par d'autres combinaisons du hasard, de rencontrer un autre homme ; et elle cherchait à imaginer quels eussent été ces événements non survenus, cette vie différente, ce mari qu'elle ne connaissait pas. Tous, en effet, ne ressemblaient pas à celui-là. Il aurait pu être beau, spirituel, distingué, attirant, tels qu'ils étaient sans doute, ceux qu'avaient épousés ses anciennes camarades du couvent. Que faisaient-elles maintenant ? À la ville, avec le bruit des rues, le bourdonnement des théâtres et les clartés du bal, elles avaient des existences où le cœur se dilate, où les sens s'épanouissent. Mais elle, sa vie était froide comme un grenier dont la lucarne est au nord, et l'ennui, araignée silencieuse, filait sa toile dans l'ombre à tous les coins de son cœur. » (Gustave Flaubert, *Madame Bovary*)

a) Discours direct :

....

....

b) Discours indirect :

....

....

c) Discours indirect libre :

....

....

Les relations logiques

232. a) Placez chacune des phrases suivantes dans la bonne case :

A. Il était si heureux que plus rien n'avait d'importance.
B. Si pauvre qu'il fût, il ne voulait pas s'abaisser à mendier.
C. Il voulait savoir s'il lui serait possible de repousser son rendez-vous.
D. Il pourrait partir si les conditions météorologiques le permettaient.
E. Si elle n'a pas répondu, c'est qu'elle ne savait pas.

cause	concession	condition	conséquence

b) L'une d'elles n'exprime pas une relation logique. Laquelle ? Pourquoi ?

....

233. Placez chacune des phrases suivantes dans la bonne case :

A. Comme on fait son lit on se couche.
B. Faites comme vous en avez l'habitude.
C. Comme il y avait beaucoup de neige, on ne pouvait pas circuler.
D. Comme j'étais à la banque, l'alarme s'est mise soudain à sonner.

cause	comparaison	manière	temps

234. Placez chacune des phrases suivantes dans la bonne case :

A. Pour être prince, Madame, il n'en est pas moins homme (Stendhal).
B. Il a été condamné pour avoir circulé sans permis de conduire.
C. Il est trop poli pour être honnête.
D. Il court tous les jours pour gagner le marathon.

but	cause	conséquence	concession

235. Qu'exprime la préposition pour dans les phrases suivantes ?

a) Il a fallu de longues explications pour qu'il comprenne enfin.

☐ **A.** but

☐ **B.** concession

☐ **C.** conséquence

b) La région est célèbre pour avoir été un haut lieu de la Résistance.

☐ **A.** but

☐ **B.** cause

☐ **C.** comparaison

c) Il est venu pour présenter son programme.

☐ **A.** but

☐ **B.** cause

☐ **C.** conséquence

d) Il passe pour être un homme courageux.

☐ **A.** but

☐ **B.** cause

☐ **C.** comparaison

e) Pour flatté qu'il soit, il ne le montre pas.

☐ **A.** but

☐ **B.** concession

☐ **C.** condition

236. Choisissez, parmi les articulateurs proposés, ceux qui conviennent pour compléter le texte :

Ainsi, alors, aussi, car, cependant, certainement, certes, et, mais, néanmoins, or, tels

Les élèves doivent arriver en 6e en sachant parfaitement lire, écrire et compter. .... sont les 3 piliers sur lesquels on veut bâtir l'école de demain. .... ce sont ces fondamentaux que l'école de Jules Ferry avait privilégiés en son temps. La République avait .... besoin de bons fonctionnaires. .... était-il important d'en former. .... aujourd'hui ! Il faut reconnaître .... que trop d'élèves achèvent leur scolarité illettrés. ...., l'école n'est pas entièrement responsable de cet échec il faut .... qu'elle assume ses responsabilités et s'inquiète de son inaptitude à former les jeunes esprits. .... pourra-t-elle entreprendre les réformes nécessaires.

Les anaphores grammaticales et lexicales

237. Corrigez les phrases et réécrivez-les de manière à les rendre plus claires :

a) Le peintre demandait au maçon de l'aider. Mais il ne savait pas comment faire non plus.

....

....

b) Il a pris le livre de Katia qui a une couverture rouge.

....

....

238. Corrigez les erreurs :

Sa grand-mère a beaucoup compté pour lui et il y pense souvent. D'ailleurs, il en parle toujours.

....

....

239. Réécrivez le texte de manière à supprimer les répétitions (pronom, synonymes…) :

Le bateau voguait toutes voiles dehors. Ce bateau était un joli trois-mâts, et à chaque fois que le capitaine voyait un autre trois-mâts, il trouvait que son bateau était bien plus beau.

....

....

....

L'homophonie grammaticale

240. Complétez les phrases avec *quelquefois* ou *quelques fois* :

a) Je ne l'ai revu que ....

b) Il s'est présenté à l'examen ....

c) .... nous allions au bord de la mer.

241. Complétez les phrases suivantes avec *quelque(s)*, *quelle(s)... que*, *quel(s)*, *quelles(s)/qu'elle(s)* :

a) Nous viendrons .... soit l'heure du rendez-vous.
b) Bien .... ait des amis, elle se sent seule.
c) Ils étaient .... cinq cents.
d) .... connaissances .... ait sur ce sujet, elle ignore encore beaucoup de choses.
e) Nous avons évoqué ce problème il y a .... temps.

242. Complétez avec *quoique* ou *quoi que* :

a) Tu seras critiqué ... tu aies entrepris.
b) Je n'irai pas ... tu en penses.
c) Si vous avez besoin de ... ce soit, demandez-le-moi.
d) Il viendra avec nous ... il soit très malade.

243. Complétez les phrases suivantes :

a) *plutôt, plus tôt*

Il aurait dû s'expliquer .... qu'il ne l'a fait, on aurait pu l'aider .... que le critiquer.

b) *près (de), prêt (à)*

Ils sont .... partir et nous ne sommes pas .... les revoir.

c) *ces, c'est, sait, ses*

Art, philo, littérature ! Il .... que .... matières n'ont aucun débouché et .... pour cela que .... études, il les fait en sciences économiques.

244. Corrigez les erreurs :

a) Il ne se soucie pas du quand-dira-t-on, mais reste sur son qu'en-à-soi quant il est face à des inconnus.

b) Ici où là, il va la ou sa curiosité, voir sa témérité, la porté, s'en sans faire : il veut tout voir du monde.

c) L'examen a lieu dans un an et les candidates ne cessent dans parler entre elles ; s'y certaines ne s'y préparent pas déjà, ces quelles ne sont pas s'y motivées quelles le disent.

245. Les valeurs de *ne* : mettre une croix dans la colonne correspondante :

	négatif	explétif
a) Il ne peut venir.		
b) Il est plus rapide que je ne le pensais.		
c) Je ne saurais vous dire.		
d) Il n'est là que pour quelques jours.		
e) Il n'est pire eau que l'eau qui dort.		
f) Faisons vite, avant qu'il n'arrive.		
g) Il n'est pas d'homme qui ne désire être heureux.		
h) Je crains que vous ne vous soyez trompé.		

Les mots à nature variable

246. Quelle est la nature de « que » dans les phrases suivantes ?

a) Qu'elles sont belles !
b) Je crois qu'il viendra avec nous.
c) Que fais-tu demain ?
d) Je n'ai que 10 euros.
e) Le livre que j'ai lu est intéressant.

1) adverbe exclamatif d'intensité **2)** conjonction de subordination
3) pronom interrogatif **4)** pronom relatif

247. Quelle est la nature de « en » dans les phrases suivantes ?

a) En voulez-vous ?
b) Il en profite.
c) Cette maison est en bois.
d) Il en sort.
e) Les élèves sont en classe.

1) préposition **2)** pronom adverbial **3)** pronom personnel

248. Quelle est la nature de « si » dans les phrases suivantes :

a) Tu n'aimes pas les fruits ? Si.
b) Si jeunesse savait !
c) Le si est la septième note de la gamme.
d) Il était si fatigué qu'il s'est endormi pendant la représentation.
e) Elle ne chante plus si bien.

1) adverbe **2)** conjonction **3)** nom commun

LE SENS DES MOTS

Corrigés, p. 144

ANTONYMIE ET SYNONYMIE

249. Donnez les antonymes et les synonymes des adjectifs :

	antonyme	synonyme
a) un esprit vif	....	....
b) une couleur vive	....	....
c) un fruit vert	....	....
d) une verte semonce	....	....
e) une voix dure	....	....
f) un matelas dur	....	....
g) un homme brave	....	....
h) une brave femme	....	....

250. Voici 6 synonymes du verbe « arrêter ». Associez à chacun le complément qui convient :

Arrêter : interrompre, couper, endiguer, appréhender, enrayer, réfréner

a) l'électricité : ....

b) un malfaiteur : ....

c) une épidémie : ....

d) une colère : ....

e) un fleuve : ....

f) un séjour : ....

Paronymie

251. Corrigez les phrases suivantes :

a) Il a une fracture du myocarde.

....

b) Julien Sorel était le percepteur des enfants de Rênal.

....

c) Il l'a enduite en erreur.

....

d) Il a une irruption de boutons.

....

252. Complétez avec le mot approprié :

a) *infraction* ou **b)** *effraction*

A. Il est entré par ....

B. Il a commis plusieurs .... au code de la route

c) *partial* ou **d)** *partiel*

C. Il n'est jamais objectif, il a toujours un jugement ....

D. Il a des connaissances .... sur le sujet

e) *inclinaison* ou **f)** *inclination*

E. Il a une tendre .... pour elle

F. .... de la cheminée est dangereuse

g) *collusion* ou **h)** *collision*

G. Les deux véhicules sont entrés en ....

H. On dénonce régulièrement la .... entre les médias et la politique

HOMONYMIE

253. Corriger les mots improprement orthographiés :

Je viens d'acquérir ce fond de commerce. Avant d'ouvrir au public, j'en ai profité pour refaire faire à neuf la salle de restauration qui ouvre désormais de plein pied sur la terrasse. Mais j'ai un sérieux différent avec l'entreprise qui a fait les travaux. Elle a lésiné sur la qualité des moulures, des plaintes et des corniches de la pièce centrale. Je veux qu'elle refasse tout à ses dépends. Qu'est-ce que je suis sensé faire pour obtenir gain de cause ?

254. Trouvez un troisième homonyme (homophone ou homographe) aux mots suivants :

a) le compte	le comte	....
b) un cor	le corps	....
c) la fin	la faim	....
d) le foie	la fois	....
e) un livre	une livre	....
f) le père	la paire	....
g) un sot	un seau	....
h) le verre	le vair	....
i) saint	sain	....

255. Choisissez la bonne réponse pour définir la relation entre les deux mots proposés :

	antonymie	**synonymie**	**paronymie**	**homonymie**
a) *coasser* et *croasser*				
b) *accident* et *incident*				
c) *navrant* et *désolant*				
d) *amour* et *haine*				
e) *sceau* et *sot*				
f) *maudire* et *médire*				

Euphémisme, litote, hyperbole, périphrase

256. Choisissez la bonne réponse :

	euphémisme	litote	hyperbole	périphrase
a) Je n'ai pas fait le voyage pour rien.				
b) Il travaillait comme technicien de surface.				
c) C'est un passionné du septième art.				
d) C'était un bruit à réveiller un mort.				
e) Claude Nougaro a chanté la Ville rose.				
f) Je meurs de soif.				
g) Ce n'est pas mal.				
h) Il nous a quittés après une longue maladie.				
i) Son père le tuera s'il ne réussit pas.				
j) C'est un avocat qui défend les sans-papiers.				
k) Cela ne sent pas la rose.				

257. Précisez les figures de style soulignées :

On présente souvent les gens du troisième âge (**1**) aujourd'hui comme des papy-boomers pleins d'énergie, au pouvoir d'achat confortable (**2**), fous de voyage (**3**). Il est vrai qu'il n'est pas rare (**4**) de les rencontrer aux quatre coins du monde (**5**), par cohortes entières (**6**) derrière un guide pour visiter les trésors de l'humanité (**7**). Mais cette réalité en cache une autre, moins idyllique.

a) litote : ....

b) euphémisme : ....

c) périphrase : ....

d) hyperbole : ....

Dénotation et connotation

258. Donnez différentes connotations aux mots suivants :

a) le feu : ....

b) le chat : ....

c) le laurier : ....

d) l'océan : ....

259. Dans le texte suivant, trouvez des exemples pour les connotations proposées :

Évidemment, à la manif, y avait que les anciens soixante-huitards, toujours les mêmes qui défilaient, par fidélité à quoi ? On se le demande, à leur jeunesse enfuie surtout... ou pour se faire croire qu'ils sont toujours sur la brèche, libres et rebelles, comme en ce joli mois de mai ! C'est ça... En attendant de se passer un DVD sur leur home cinéma en mangeant des sushis commandés chez le meilleur traiteur japonais du quartier ! Quelle blague !

a) ironique : ....

b) sociale : ....

c) dépréciative : ....

d) politique : ....

e) historique : ....

260. Dans les phrases suivantes, remplacez le verbe souligné de façon à donner une connotation péjorative, négative ou méliorative selon le sens général :

a) Il veut arrêter les cours de piano.

....

b) Il a réussi à arrêter son cheval emballé.

....

c) Il passe son temps à des sujets sans importance.

....

d) Il passe son temps à aider les gens dans le besoin.

....

Néologisme et barbarisme

261. Soulignez les néologismes et entourez les barbarismes :

Il surfe sur la Toile, persuadé qu'il y trouvera un moyen de solutionner ses problèmes pécuniers.

262. Cocher les barbarismes :

☐ **A.** caparaçonner	☐ **B.** carapaçonner
☐ **C.** dilemme	☐ **D.** dilemne
☐ **E.** disgression	☐ **F.** digression
☐ **G.** fruste	☐ **H.** frustre
☐ **I.** manicure	☐ **J.** manucure
☐ **K.** mnémotechnique	☐ **L.** mémotechnique
☐ **M.** réouvrir	☐ **N.** rouvrir
☐ **O.** rénumérer	☐ **P.** rémunérer

Les préfixes

263. Dans lequel des verbes suivants *dé-* est-il est un préfixe ?

- ☐ **A.** démocratiser
- ☐ **B.** décorer
- ☐ **C.** déchirer
- ☐ **D.** déborder
- ☐ **E.** détester
- ☐ **F.** déblatérer

264. Trouvez le sens du préfixe *a-* (*ab-*, *ad-*, *an-*) dans les mots suivants :

a) ablution
b) aborder
c) abstraction
d) adhérence
e) amener
f) amoral
g) analphabète
h) anarchie
i) anhydre
j) aversion

« mouvement vers »	« sans »	« mouvement loin de »
....	....	....
....	....	....
....	....	....

265. Donnez 5 préfixes associés au verbe *dire* :

– ....
– ....
– ....
– ....
– ....

266. Trouvez 5 mots formés avec le préfixe *syn-* (*syl-*, *sym-*), du grec *sun*, « avec » :

– ....
– ....
– ....
– ....
– ....

267. Citez 3 préfixes pour former des mots de sens contraire et donnez un exemple à chaque fois :

– ....
– ....
– ....

Les suffixes

268. Associez les suffixes et leur sens dans les mots proposés :

a) action
b) résultat de l'action
c) objet de l'action

A. demande
B. guérison
C. morsure
D. trouvaille

269. Associez les suffixes à leur sens :

a) -fuge
b) -cide
c) -phore
d) -algie
e) -arque
f) -gnathe

A. qui abat
B. qui commande
C. douleur
D. qui fait fuir
E. mâchoire
F. qui porte

270. Trouvez le synonyme pour les mots suivants et expliquez leur formation :

a) qui collectionne les timbres : ....
b) dont le plafond est soutenu par des colonnes : ....
c) qui aime la musique : ....

271. Donnez les affixes grecs équivalant aux affixes latins :

a) -vore : ex. : carnivore. ....

b) multi- : ex. : multicolore ....

c) uni - : ex. : uniforme ....

272. Retrouvez le sens des mots suivants par leur formation :

a) androgyne : ....

b) fébrifuge : ....

L'ANALYSE

Corrigés, p. 151

L'ANALYSE GRAMMATICALE

« [...] Les voyageurs débarquèrent à l'hôtel du Gaillard-Bois, rue de l'Échelle, avant le jour. Les deux amants étaient si fatigués l'un et l'autre, qu'avant tout Louise voulut se coucher et se coucha, non sans avoir ordonné à Lucien de demander une chambre au-dessus de l'appartement qu'elle prit. Lucien dormit jusqu'à quatre heures du soir. Mme de Bargeton le fit éveiller pour dîner, il s'habilla précipitamment en apprenant l'heure, et trouva Louise dans une de ces ignobles chambres qui sont la honte de Paris, où, malgré tant de prétentions à l'élégance, il n'existe pas encore un seul hôtel où tout voyageur riche puisse retrouver son chez soi. Quoiqu'il eût sur les yeux ces nuages que laisse un brusque réveil, Lucien ne reconnut pas sa Louise dans cette chambre froide, sans soleil, à rideaux passés, dont le carreau frotté semblait misérable, où le meuble était usé, de mauvais goût, vieux ou d'occasion. »

Honoré de Balzac, *Illusions perdues*.

273. Analysez les mots soulignés dans le texte ci-dessus :

a) hôtel : ....

b) avant : ....

c) deux : ....

d) qu' : ....

e) du : ....

f) le : ....

g) précipitamment : ....

h) prétentions : ....

i) tout : ....

j) ces : ....

k) réveil : ....

l) misérable : ....

274. Donnez le référent du pronom « il » dans les 3 phrases où ce pronom apparaît dans le texte ci-dessus :

a) il s'habilla : ....

b) il existe : ....

c) il eût : ....

275. Relevez dans le texte ci-dessus :

a) un adjectif qualificatif épithète : ....
b) un article indéfini : ....
c) un adjectif possessif : ....
d) un nom sujet réel du verbe : ....

276. Analysez :

« *Les hommes de la nature, comme on les appelle, ne parlent guère de la nature.* » Jules Renard, extrait de son *Journal*, 1887-1892.

a) Les deux occurrences du mot « *nature* » :

– ....

– ....

b) Les deux occurrences du mot « *les* » :

– ....

– ....

277. Analysez les mots soulignés :

Ils auraient pu <u>avoir été blessés</u> dans un accident, on n'aurait pas été plus <u>inquiets</u> de <u>leur</u> retard.

– ....

– ....

– ....

278. Quelle est la fonction de « une réflexion » dans la phrase suivante ?

Une réflexion et il se vexe, abandonne toute discussion.

....

279. Quelle est la fonction de « le matin » dans la phrase suivante ?

Il écrit le matin dans son journal intime.

....

280. Quelle est la fonction de « étudiants » dans la phrase suivante ?

Il lit les consignes de l'épreuve aux étudiants.

....

281. **Cochez la case correspondant à la fonction du complément introduit par « à » :**

	complément d'objet second	**complément d'attribution**	**complément d'objet indirect**
Il téléphone à son médecin.			
Il dicte une lettre à sa secrétaire.			
Il s'adresse aux spectateurs.			
Il prête des livres à ses élèves.			

282. **Quelle est la fonction de « perplexe » dans la phrase suivante ?**

La nouvelle a rendu tout le monde perplexe.

....

283. **Analysez « qui » dans les phrases suivantes :**

a) Qui es-tu ?

....

b) Devine qui vient dîner ce soir ?

....

c) C'est quelqu'un à qui on donnerait le bon Dieu sans confession.

....

d) C'est vous qui avez appelé ?

....

L'ANALYSE LOGIQUE

284. Soulignez les propositions subordonnées circonstancielles :

a) Il a visité un château où Léonard de Vinci avait travaillé.
b) Je ne sais pas s'il viendra.
c) Malgré les embûches, il est arrivé à ses fins.
d) Nous irons nous promener à condition qu'il fasse beau.
e) Il est resté chez lui parce qu'il était malade.
f) Je pense qu'il comprend bien.
g) Pour peu qu'il attende, il sera en retard.
h) Tu marches si vite que je ne peux pas te suivre.

285. Combien de propositions subordonnées y a-t-il dans les phrases suivantes ?

a) Embrassez qui vous voudrez.
b) Depuis l'arrivée des nouveaux voisins, le calme de l'immeuble est fortement perturbé.
c) Elle entendait les enfants jouer dans la cour de l'école.
d) Le dîner terminé et la vaisselle faite, il s'installait à son ordinateur.
e) Que cette célèbre actrice soit heureuse ou malheureuse était le cadet de ses soucis.

286. Laquelle de ces deux phrases est une subordonnée relative ?

☐ **A.** Il avait l'impression que ses collègues lui cachaient quelque chose.
☐ **B.** Il était troublé par la mauvaise impression que la scène lui avait laissé.

287. Classez les différentes subordonnées dans la case correspondante :

a) Les voyages qu'il faisait maintenant n'avaient plus rien à voir avec ceux de sa jeunesse.
b) Il ne comprend pas qu'un match de football puisse déchaîner tant de passion.
c) Le fait est qu'il joue parfaitement du piano.
d) Il est possible que les prix augmentent.
e) Qu'il pleuve ou qu'il vente, les marcheurs marchent !

Subordonnée attribut du sujet	Subordonnée circonstancielle	Subordonnée complétive	Subordonnée sujet réel	Subordonnée relative
....	....	....	....	....

288. Analysez les propositions du texte suivant :

Le discours étant terminé, c'était maintenant l'heure du débat. L'orateur écoutait les questions qu'on lui posait en prenant des notes et préparait déjà les réponses.

....

....

....

....

....

L'analyse logique et grammaticale

289. Délimitez les propositions dans le texte suivant :

Bien qu'ils n'aient pas été authentifiés, les deux tableaux découverts dans un grenier qui ont été attribués au Caravage ont fait sensation et attirent tant de curieux dans l'aile du château où ils sont présentés que leur exposition est prolongée.

290. Précisez la nature des propositions dans le texte de l'exercice précédent :

....

....

....

....

....

....

291. Précisez la nature de la proposition soulignée :

Il pense que <u>sa mission à l'étranger terminée</u>, il lui sera difficile de retrouver le train-train quotidien.

☐ **A.** elliptique

☐ **B.** indépendante

☐ **C.** subordonnée circonstancielle

☐ **D.** subordonnée participiale

☐ **E.** subordonnée infinitive

Les questions qui suivent portent sur le texte de Maupassant ci-dessous.

« Il faisait très chaud, très bon. Le doux soleil chauffait l'herbe. L'eau brillait comme un miroir (**a**). Et Simon avait des minutes de *béatitude* (1), de *cet* (2) alanguissement qui *suit* (3) les larmes, où il lui venait de grandes *envies* (4) de s'endormir là, sur l'herbe, dans la chaleur. Une petite grenouille verte sauta sous ses pieds. Il essaya de la prendre. Elle *lui* (5) échappa. Il la poursuivit et la manqua trois fois de suite. Enfin il la saisit par l'extrémité de ses pattes de derrière et il se mit à rire en voyant les efforts *que* (6) faisait la *bête* (7) *pour* (8) s'échapper. Elle se ramassait sur ses grandes jambes, puis, d'une détente brusque, les allongeait subitement, *roides* (9) comme *deux* (10) barres, tandis que, l'œil *tout* (11) rond avec son cercle d'or, elle battait l'air de ses pattes de devant qui s'agitaient comme des mains (**b**). Cela lui rappela un joujou fait avec d'étroites planchettes de bois *clouées* (12) en zigzag les unes sur les autres, qui, par un mouvement semblable, conduisaient l'exercice de petits soldats piqués dessus. Alors il pensa à sa maison, puis à sa mère, et, pris d'une grande *tristesse* (13), il recommença à pleurer. Des frissons lui passaient dans les membres ; il se mit à genoux et récita sa prière comme avant de s'endormir. Mais il ne put l'achever, car des sanglots lui revinrent si pressés, si tumultueux, qu'ils l'envahirent tout entier (**c**). Il ne pensait plus ; il ne voyait plus *rien* (14) autour de lui et il n'était occupé qu'à pleurer. »

Guy de Maupassant, *Le Papa de Simon*, 1879.

292. Analysez les phrases soulignées :

a) ....

b) ....

....

....

....

c) ....

....

....

293. Analysez les mots du texte en italique :

1) ....

2) ....

3) ....

4) ....

5) ....

6) ....

7) ....

8) ....

9) ....

10) ....

11) ....

12) ....

13) ....

14) ....

294. **Quelle est la nature de « de » dans les deux phrases suivantes ?**

a) « Il lui venait de grandes envies... »

....

b) « l'exercice de petits soldats piqués dessus »

....

295. **Quelle est la fonction de « tout entier » dans la proposition suivante ?**

« ... qu'ils l'envahirent tout entier. »

- ☐ **A.** épithète
- ☐ **B.** attribut du sujet
- ☐ **C.** attribut du COD
- ☐ **D.** mis en apposition

296. **Qu'indique « très chaud, très bon » dans la phrase suivante ?**

« Il faisait très chaud, très bon. »

- ☐ **A.** un comparatif
- ☐ **B.** un superlatif relatif
- ☐ **C.** un superlatif absolu

LES DIFFÉRENTS TYPES DE TEXTES

297. Dites de quel genre les textes suivants relèvent :

a) argumentatif **b)** descriptif **c)** informatif **d)** injonctif **e)** narratif

A. « Avec la vivacité et la grâce qui lui étaient naturelles quand elle était loin des regards des hommes, Mme de Rênal sortait par la porte-fenêtre du salon qui donnait sur le jardin, quand elle aperçut près de la porte d'entrée la figure d'un jeune paysan presque encore enfant, extrêmement pâle et qui venait de pleurer. » (Stendhal) ☐

B. « Il était en chemise bien blanche, et avait sous le bras une veste fort propre de ratine violette. » (Stendhal) ☐

C. Les étudiants étrangers voulant s'inscrire en première année d'université doivent déposer un dossier de préinscription avant la fin du mois. ☐

D. On vient de découvrir une nouvelle molécule qui pourrait être utilisée bientôt pour soigner les migraines. ☐

E. On accuse la télévision de tous les maux. Il est vrai qu'on y voit souvent des émissions ineptes, mais on peut aussi choisir un programme intéressant. Le plus difficile est de savoir éteindre quand il le faut, et de rester maître de son temps. Car c'est surtout l'usage qu'on en fait qui rend la télévision abrutissante. ☐

298. Lisez le texte et répondez à la question :

« *Il ouvrit le panier et y déposa le chat que le vétérinaire venait d'examiner* (**1**). *La pauvre bête avait maintenant la patte avant droite bandée et son oreille fendue en deux s'ornait de deux agrafes* (**2**). *Le vétérinaire le raccompagna jusqu'à la porte du cabinet : "Vous lui donnerez deux fois par jour ces petites pilules. Le plus simple est de les introduire dans sa pâtée, mais vérifiez bien qu'il ne les régurgite pas* (**3**). *Ce médicament est un antibiotique qui permet d'éviter les complications liées à sa blessure"* (**4**). »

Retrouvez dans ce texte les passages qui relèvent d'un discours :

a) descriptif : ....

b) explicatif : ....

c) injonctif : ....

d) narratif : ....

299. Quelle est la nature des deux passages soulignés ?

« Il y avait à Montmartre, au troisième étage du 75 bis de la rue d'Orchampt, un excellent homme nommé Dutilleul qui possédait le don singulier de passer à travers les murs sans en être incommodé. Il portait un binocle, une petite barbiche noire, et il était employé de troisième classe au ministère de l'Enregistrement. En hiver, il se rendait à son bureau par l'autobus, et, à la belle saison, il faisait le trajet à pied, sous son chapeau melon. (**a**) Dutilleul venait d'entrer dans sa quarante-troisième année lorsqu'il eut la révélation de son pouvoir. Un soir, une courte panne d'électricité l'ayant surpris dans le vestibule de son petit appartement de célibataire, il tâtonna un moment dans les ténèbres et, le courant revenu, se trouva sur le palier du troisième étage. Comme sa porte d'entrée était fermée à clé de l'intérieur, l'incident lui donna à réfléchir et, malgré les remontrances de sa raison, il se décida à rentrer chez lui comme il en était sorti, en passant à travers la muraille (**b**). » Marcel Aymé, *Le Passe-Muraille*, 1943.

a) : ....

b) : ....

300. Le jeu des 7 familles : comment jouer ?

Un jeu se compose de 42 cartes qui forment 7 familles différentes.
Le but du jeu est de reconstituer dans la main une famille entière composée de 6 cartes complémentaires et de l'annoncer en la posant sur la table.
1) Un joueur distribue 6 cartes par joueur. Le reste est mis au milieu de la table (chien).
2) Un joueur demande à l'un des autres joueurs une carte qui manque pour compléter une famille. Si celui-ci a la carte, il doit la lui donner. Le joueur continue jusqu'à ce qu'aucun joueur ne puisse lui donner la carte qu'il demande. Il prend alors une carte dans le chien (il pioche) et continue à jouer s'il a tiré la carte demandée.
3) Sinon, c'est le dernier joueur sollicité qui continue.
À la fin du jeu, celui qui a battu le plus de familles est le gagnant.

Ce texte est :

- ☐ **A.** descriptif
- ☐ **B.** explicatif
- ☐ **C.** informatif
- ☐ **D.** injonctif

CORRIGÉS

LE MOT

LE TEXTE

Corrigés

LE MOT

L'ADJECTIF

Questions 1 à 11 • p. 6

Les adjectifs de couleur

L'adjectif simple désignant une couleur s'accorde en genre et en nombre : *des yeux bleus.*
L'adjectif de couleur suivi d'un nom ou d'un autre adjectif est invariable : *des yeux gris bleu, des yeux bleu foncé, des photos noir et blanc.*
Si l'adjectif de couleur vient d'un nom simple ou composé, il est invariable (sauf : rose, mauve, fauve, pourpre, écarlate) : *des yeux noisette, des cheveux poivre et sel, des pulls marine.*

1.

	correct	Incorrect + corrigé
a) Des yeux marrons		*Des yeux marron*
b) Des yeux bleus	✘	
c) Des yeux gris bleus		*Des yeux gris bleu*
d) Des yeux bleu foncé	✘	
e) Des cheveux noirs et blancs		*Des cheveux noir et blanc*
f) Des cheveux bruns	✘	

>>>

>>>

	correct	Incorrect + corrigé
g) De la soie cramoisie	✘	
h) Une veste bleu pétrole	✘	
i) Des fleurs oranges		*Des fleurs orange*
j) Des pulls verts pâles		*Des pulls vert pâle*

Les adjectifs numéraux cardinaux et ordinaux

2. Réponse **B**
   Les adjectifs numéraux sont invariables.
3. Réponse **C**
   Mille est invariable, *cent* (comme *vingt*) multiplié par un nombre prend un « s » quand il n'est pas suivi d'un autre nombre.
4. Réponse **A**
   Cent (comme *vingt*) multiplié mais suivi d'un autre nombre reste invariable.
5. Réponse **C**
   Vingt (comme *cent*) prend un « s » quand il est multiplié par un nombre.
6. Réponse **B**
   Milliers se met au pluriel car c'est un nom.
7. Réponse **A**
   Mille est invariable.
8. Réponse **A**
   Cent + *vingt*, *cent* ne multiplie pas *vingt*.
9. Réponse **B**
   Ici, *mille* est un nom qui désigne une distance marine.
10. Réponse **A**
    L'adjectif numéral ordinal s'accorde en genre et en nombre avec le nom.

11. Réponse **C**
Ici, *quatre-vingt* est invariable car il est utilisé comme un adjectif numéral ordinal, c'est-à-dire le quatre-vingtième.

L'ADVERBE

Questions 12 à 28 • p. 8

La formation des adverbes

Les adverbes sont des mots invariables qui modifient le sens d'un verbe, d'un adjectif ou d'un autre adverbe.
A. Beaucoup se forment en ajoutant le suffixe *-ment* à l'adjectif masculin se terminant par une voyelle (*vrai* → *vraiment*), au féminin des adjectifs se terminant par une consonne (*heureux* → *heureuse* → *heureusement*), ce qui a été le cas général jusqu'au XVIIe siècle, où le « *e* » féminin ayant cessé de se prononcer, il a disparu de l'orthographe. Cette chute du « *e* » est cependant encore attestée par l'accent circonflexe dans certains adverbes : *assidûment, congrûment,* (*in*)*dûment, goulûment*. On peut écrire *gaiement* ou *gaîment*, mais *gaiement* est le plus usité.

Adjectif se terminant par…	une voyelle	une consonne	*-ent* ou *-ant*
Formation de l'adverbe	adjectif masculin + *-ment* *vraiment, simplement, prétendument* Exception : *gaiement*	adjectif féminin + *-ment* *Réel* → *réellement* *heureux* → *heureusement* *Certain* → *certainement* Exception : *gentiment*	*-emment* ou *-amment* *récent* → *récemment* *élégant* → *élégamment* Exception : *lentement, présentement, véhémentement*

12. Réponse **A**

13. Réponses **B** et **C**

14. Réponse **A**

15. Réponse **B**

16. Réponse **B**

17. Réponse **A**

B. Beaucoup d'adjectifs n'ont pas d'adverbes correspondants. Par exemple *content, concis, fâché, tremblant...*
Dans ce cas, on utilise « *d'un air..., d'une façon..., d'une manière..., d'un ton ....,* etc. » (ex. : *d'un ton tranché*).
C. Certains adverbes présentent la forme *-ément*, par analogie aux adverbes formés sur des adjectifs ou des participes en *-é* comme *assurément* ou *aisément* :

commodément	*immensément*	*opportunément*
expressément	*obscurément*	*uniformément*
intensément	*profusément*	*énormément*
profondément	*confusément*	*incommodément*
communément	*importunément*	*précisément*

D. Certains adverbes sont formés sur des formes anciennes d'adjectifs : *traîtreux, brief, grief, journel, prodigal.*

18. **a)** *aisément*
b) *brièvement*
c) pas d'adverbe correspondant.
d) pas d'adverbe correspondant.
e) *éperdument*
f) *hardiment*
g) *obscurément*
h) *véhémentement*

19. Ils sont formés sur le féminin des formes anciennes d'adjectifs tombés en désuétude.
a) *grief, ième* (qui pèse sur une personne / douloureux)
b) *journel*, ancienne forme de « journal » (relatif à chaque jour)

c) *prodigal*, ancienne forme de « prodigue » (qui fait plus de dépense qu'il ne faudrait)
d) *traîtreux*, ancienne forme de « traître » (qui trahit)

20. **a)** *confus**é**ment*
b) *impun**é**ment*
c) *posthum**é**ment*
d) *présentement*
e) *sommairement*
f) *uniform**é**ment*

21. *L'employé, accusé injustement de fraude, nie catégoriquement les faits. Il est véhément. Ses détracteurs le somment expressément de reconnaître formellement un comportement légalement condamnable. Ses amis l'assistent. « Mais c'est complètement dément ! » s'exclament-ils ingénument. Finalement, notre homme choisit prudemment de se faire assister par un avocat compétent.*
Adverbes formés :
– sur la forme masculine d'un adjectif qui se termine par une voyelle : *injustement, catégoriquement, ingénument ;*
– sur la forme féminine d'un adjectif qui se termine par une consonne au masculin : *formellement, légalement, complètement, finalement ;*
– sur un adjectif qui se termine par *-ent* : *prudemment ;*
– par analogie avec un adverbe formé sur un participe passé : *expressément.*

N.B. : Il ne faut pas confondre les adverbes et les autres mots du texte qui se terminent par *-ment* :
– *véhément* : adjectif qualificatif, masculin singulier ;
– *somment* : verbe *sommer*, 3e personne du pluriel, au présent ;
– *un comportement* : nom commun, masculin singulier ;
– *dément* : adjectif qualificatif, masculin singulier ;
– *s'exclament* : verbe *s'exclamer*, 3e personne du pluriel, au présent.

Adjectif ou adverbe

Certains adjectifs peuvent être employés comme adverbes. Ils sont alors invariables. Il s'agit de les reconnaître dans ces différents emplois pour éviter les erreurs d'orthographe.

22. **a)** Réponse **A**
b) Réponse **D**
Ici, *tout* signifie *très*. Il reste invariable, sauf si l'adjectif féminin, singulier ou pluriel, commence par une consonne. Dans ce cas, on accorde *tout* même s'il est adverbe.

23. **a)** Réponse **B**
b) Réponse **C**
On pourrait aussi bien dire « *toutes les filles étaient là* » ; on voit dans cette phrase que tout est adjectif.

24. **a)** Réponse **A**
b) Réponse **D**
C'est un adverbe qui modifie le sens du verbe *coûter*.

25. **a)** Réponse **A**
b) Réponse **D**
= *très*

26. **a)** Réponse **A**
b) Réponse **D**
On pourrait avoir le verbe *voler* à la place de *être*, ou *loin* (adverbe) à la place de *haut*.

27. **a)** *Ces livres coûtent 15 euros **net***
b) *La pluie tombe **dru***
Dans ces deux phrases, *net* et *dru* sont employés comme adverbe et ne s'accordent pas.

28.

	variable	**invariable**
a) *debout*		✘
b) *chic*		✘
c) *demi*	✘	
d) *ensemble*		✘
e) *net*	✘	
f) *snob*		✘

Demi est invariable quand il est placé devant le nom, comme *nu*. *Net* s'accorde quand il est adjectif, est invariable quand il est employé comme adverbe.

LE NOM

Questions 29 à 46 • p. 12

LE GENRE DES NOMS

29.

	masculin	féminin
a) *acné*		✗
b) *aérogare*		✗
c) *alvéole*	✗	
d) *augure*	✗	
e) *écritoire*		✗
f) *élastique*	✗	
g) *exode*	✗	
h) *oasis*		✗
i) *obélisque*	✗	
j) *octave*		✗
k) *omoplate*		✗
l) *ovule*	✗	
m) *planisphère*	✗	
n) *réglisse*		✗
o) *stalactite*		✗

30. Ils ont les deux genres mais changent de sens :

	masculin	**féminin**
cartouche	Encadrement renfermant les références d'une carte géographique, d'un plan.	Petit étui contenant de la poudre ou de l'encre par exemple (une cartouche de fusil).
crêpe	Tissu léger ou bien tissu porté en signe de deuil (une robe en crêpe).	Galette plate et ronde (une crêpe au sucre).
enseigne	Officier de marine (un enseigne de vaisseau).	Inscription, emblème, sur la façade des magasins (la carotte est une enseigne traditionnelle des bureaux de tabac).
livre	Volume, « bouquin » (lire un livre).	Unité de masse (+ ou – 500 g) (une livre de beurre).
manche	Partie d'un instrument par lequel on le tient (un manche de couteau).	Partie d'un vêtement qui recouvre le bras (une manche de chemise) ; partie d'un jeu (gagner la première manche).
mémoire	Dissertation sur un sujet d'étude (un mémoire de master) ; souvenirs écrits *(Mémoires d'outre-tombe).*	Faculté de se souvenir (réciter de mémoire).

►►►

➤➤➤

	masculin	féminin
merci	Formule de remerciement (dire merci).	Miséricorde, grâce, pitié (lutte sans merci).
moule	Pour donner une forme (un moule à tarte).	Mollusque (une moule sur son rocher).
mousse	Jeune apprenti marin.	Plante rase des milieux humides (pierre qui roule n'amasse pas mousse) ; accumulation de bulles sur un liquide (la mousse de la bière) ; dessert (mousse au chocolat).
œuvre	Ensemble des œuvres d'un artiste (l'œuvre peint de Michel-Ange).	Activité (se mettre à l'œuvre) ; production artistique (une œuvre de jeunesse) ; organisation charitable (les œuvres de bienfaisance).
page	Jeune noble au service d'un seigneur.	Côté d'une feuille (une feuille comporte deux pages) ; époque (une page d'histoire, tourner la page, être à la page).

➤➤➤

➤➤➤

	masculin	féminin
parallèle	Cercle sur le globe terrestre (un parallèle et un méridien) ; comparaison entre deux personnes, deux choses (établir un parallèle...).	Ligne également distante d'une autre ligne (tracer une parallèle).
pendule	Petite masse au bout d'un fil qui oscille (le pendule de Foucault).	Horloge (une pendule sur la cheminée).
poste	Fonction (poste de directeur) ; lieu où l'on exerce cette fonction (poste de travail) ; appareil de radio ou de télévision (le poste émetteur).	Administration chargée d'acheminer le courrier entre autres (une lettre à la poste).
somme	Dormir un moment (faire un petit somme).	Résultat d'une addition ; quantité d'argent (dépenser de grosses sommes).
vase	Récipient pour mettre des fleurs, pour décorer (un vase antique).	Dépôt fait d'un mélange très fin de terre et de matières organiques au fond des eaux (la vase du port).
voile	Pièce d'étoffe pour couvrir ou cacher quelque chose, la tête ; tissu fin et léger (rideaux en voile) ; ce qui dissimule (un voile de fumée).	Pièce d'étoffe résistante pour faire avancer un bateau grâce à l'action du vent (un bateau à voiles).

31. Réponse **B**

32. Réponse **A**
Les adjectifs placés immédiatement avant le mot « *gens* » sont au féminin ; ils sont toujours au masculin lorsqu'ils sont placés après lui.

33. *Une épine, une aubépine, une ronce, une vigne, une viorne, une yeuse.*

34. Réponse **A**
Effluve est masculin, mais sa terminaison tend souvent à le faire passer au féminin.

35. Réponses **A** et **B**

36. **a)** Réponse **B**
b) Sont masculins : *l'honneur, le labeur, le bonheur, le malheur, l'heur.*

37. Réponses **A** et **B**
D'une manière générale, les noms composés ont le genre du mot déterminé → *une avant-scène, une basse-cour, un sabre-baïonnette...*
Mais les noms d'oiseaux sont au masculin → *un blanche-queue, un rouge-gorge,* ainsi que les mots formés d'un verbe et d'un complément, d'une préposition et d'un nom → *un en-tête, un porte-plume.*

38. **a)** Oui
b) Oui
Enfant a les deux genres selon qu'il désigne un garçon ou une fille.

39.

masculin	féminin
a) ***Bélier***	*Brebis*
b) ***Bouc***	*Chèvre*
c) *Confrère*	***Consœur***

>>>

➤➤➤

masculin	féminin
d) ***Gendre***	*Bru*
e) *Lièvre*	***Hase***
f) *Moine*	***Moniale***
g) ***Jars***	*Oie*
h) *Sanglier*	***Laie***

40. Ils font partie des noms qui n'ont pas de forme féminine.

Le pluriel des noms

On forme le pluriel des noms en ajoutant un **s** au singulier. Mais il y a beaucoup de cas particuliers :

Singulier des noms terminés par…	pluriel
-s, -x ou -z	ne changent pas au pluriel
-al	*-aux* exception : *-als = bal, cal, carnaval, chacal, festival, régal, récital, santal, val* (sauf dans les expressions comme « *par monts et par vaux* »)
-au, -eau, -eu	*-aux, -eaux, -eux* exception : *aus, -eus = landau, sarrau, bleu, émeu, pneu*
-ail	*-ails* exception : *-aux = bail, corail, émail, soupirail, travail, vantail, vitrail* et *-ail*, qui fait *-aulx*
-ou	*-ous* exception : *-oux = bijou, caillou, chou, genou, hibou, joujou, pou*

41. **a)** *des bijoux*
b) *des fous*
c) *des poux*
d) *des amiraux*
e) *des bals*
f) *des aulx*
g) *des éventails*
h) *des émaux*
i) *des soupiraux*
j) *des landaus*

Les mots d'origine étrangère
Généralement, les mots d'usage fréquent prennent la marque du pluriel français : *un bravo/des bravos, un examen/des examens, un opéra/des opéras, un toast/des toasts...*
Certains restent invariables : *un requiem/des requiem, un intérim/des intérim, un veto/des veto...*
Certains ont le pluriel français ou le pluriel de leur langue d'origine : *un lied /des lieds ou des lieder, une lady/des ladys ou des ladies, un barman/des barmans ou des barmen...*

42. **a)** *Les journaux locaux donnent des informations sur les festivals qui auront lieu dans les arsenaux près des canaux.*
b) *« Les lavabos des chambres fuient lamentablement », se plaignirent-elles avec des trémolos dans la voix.*
c) *Des requiem célèbres ou des récitals avec des lieder (lieds) de Schubert étaient donnés dans les cathédrales.*

Certains noms n'existent qu'au pluriel (mais attention ! des homonymes peuvent exister au singulier). Voici les plus communs : *affres, agissements, agrès, aguets, alentours* (les environ), *annales, appas, appointements, archives, armoiries, arrhes, bestiaux, braies, branchies, brisées, calendes, confins, dépens, écrouelles, émoluments* (dans le sens d'honoraires), *entrailles, environs, épousailles, fastes, fiançailles, fonts baptismaux, frais, frusques, funérailles, hardes* (vêtements), *honoraires, immondices, mânes, menottes* (bracelets), *mœurs, obsèques, pourparlers, prémices, prolégomènes, ténèbres, vivres...*

43. **a)** *Le pneu incendié a provoqué un feu de forêt. L'occupant du mas voisin a dû quitter son domicile précipitamment. Le malheureux n'avait même plus d'eau dans son puits pour aider le pompier venu lui porter secours.*

b) *En consultant ses archives, l'avocat a constaté que ses honoraires n'avait pas augmenté depuis un laps de temps.*

44. **a)** Réponses **A** et **B**

b) Réponses **A** et **B**

c) Réponses **A** et **B**

Ces 3 mots ont deux pluriels, avec des nuances de sens :

– *les aïeuls : les grands-parents ; les aïeux : les ancêtres*

– *les ciels :* pluriel commun ; *les cieux :* langue poétique

– *les yeux :* pluriel commun ; *les œils :* dans les expressions œils-de-perdrix, *œils-de-bœuf*, etc., ou dans le langage technique pour signifier une ouverture : *les œils d'une aiguille, d'une roue...*

> Certains mots changent de sens au pluriel (*assise, ciseau, lunette, humanité, ouïe, vacance...*), d'autres peuvent avoir indifféremment les deux nombres (*caleçon* ou *caleçons, lorgnon* ou *lorgnons, pantalon* ou *pantalons, moustache* ou *moustaches, jumelle* ou *jumelles...*).

45. **a)** ***assise :*** *une assise :* un rang de pierre horizontal pour construire un mur ; *les assises :* réunion de juges qui siègent ou d'une association, session des cours d'assises.

b) ***bronze :*** ne change pas vraiment de sens mais, au singulier, *le bronze :* métal ; *les bronzes :* les objets en bronze.

c) ***délice :*** même sens.

d) ***lunette :*** *une lunette :* instrument pour observer les astres ; *les lunettes :* pour corriger la vue.

e) ***humanité :*** *l'humanité :* genre humain ou altruisme ; *les humanités :* études classiques supérieures (vieilli).

f) ***ciseau :*** *un ciseau :* instrument pour sculpter ; *des ciseaux :* instrument pour couper.

g) *moustache :* même sens.
h) *pantalon :* même sens.
i) *ouïe :* *l'ouïe* : le sens qui permet d'entendre ; *les ouïes* : ouvertures qui permettent aux poissons de respirer.
j) *vacance :* *la vacance* : état d'une charge, d'un poste qui n'est pas occupé ; *les vacances* : temps de repos, congés.

46.

	singulier	**pluriel**
a) *agapes*		✗
b) *agrès*		✗
c) *bonus*	✗	✗
d) *croix*	✗	✗
e) *essieux*	***essieu***	✗
f) *houx*	✗	✗
g) *fourmis*	***fourmi***	✗
h) *fracas*	✗	✗
i) *laquais*	✗	✗
j) *mânes*		✗
k) *sévices*		✗
l) *temps*	✗	✗
m) *ténèbres*		✗

Les noms composés

Le pluriel des noms composés

1. Accord pour les deux mots :
Nom – nom apposé (le 2e = adjectif) : *les centres-villes*
Nom – adjectif : *les coffres-forts* (exception : *les terre-pleins*)
Adjectif – nom : *des petits-enfants.*

Adjectif – adjectif : *des sourds-muets* (exception : *nouveau-nés*)

2. Accord pour le premier mot :
Nom – nom complément (préposition sous-entendue) : *des stations-services, des pauses-café.*
Nom – préposition – nom : *des chefs-d'œuvre, des arcs-en-ciel*

3. Accord pour le second :
Adjectif en *o* – nom : *des Franco-Canadiens*
demi – nom : *des demi-portions*
semi – nom : *des semi-remorques*
Verbe – nom COD (selon le sens) : *des couvre-lits, des sèche-cheveux*
Adverbe – nom : *des arrière-saisons*

4. Invariable :
Verbe – nom COD (selon le sens) : *des porte-monnaie, crève-cœur*
Verbe – préposition – nom : *des touche-à-tout*
Verbe – adverbe : *des passe-partout*
Verbe – verbe : *les savoir-faire*
Proposition : *des trompe-la-mort*

47. Réponse **A**
Vient du verbe *faire part de quelque chose*, reste invariable.

48. Réponse **C**
Casse est un verbe, il reste invariable, *cou* est un nom, il prend la marque du pluriel car le sens le permet.

49. Réponse **B**
Après une préposition, le 2e mot est invariable : ici, ce sont des arcs dans le ciel.

50. Réponse **B**
cf. n° 1 dans l'encadré ci-dessus.

51. Réponse **B**
Après une préposition, le 2e mot est invariable.

52. Réponse **B**
Avant est un adverbe → il reste invariable.

53. Réponse **C**
Ici, l'adjectif *nouveau* reste invariable car il a un sens d'adverbe : *nouvellement nés.*

54. Réponse **A**
C'est une proposition → les deux mots restent invariables.

55. Réponse **C**
Un nom et un adjectif → les deux s'accordent.

56. Réponse **C**
Des timbres de la poste, la préposition est sous-entendue → le second mot est invariable.

LE PRONOM

Questions 57 à 66 • p. 20

Les pronoms ont les mêmes fonctions que les noms. Il existe plusieurs sortes de pronoms :
– démonstratifs : *celui-ci, celle-là, ceux, ce, cela...*
– indéfinis : ils sont variables (*aucun, chacun, certain, nul...*) ou invariables (*autrui, quiconque, rien, plusieurs, personne...*)
– interrogatifs : simples ou composés : *qui ? quoi ? lequel ?...*
– personnels : sujet, COD, COI, toniques...
– possessifs : *le mien, les tiens...*
– relatifs : simples ou composés : *qui, que, auquel...*

57. Réponse **A**
Ce, pronom démonstratif ; *quoi*, pronom relatif.

58. Réponse **A**
Ce, pronom démonstratif, neutre.

59. Réponse **B**
Leur, pronom personnel, 3e personne du pluriel.

60. Réponse **A**
On met *-ci* ou *-là* quand le pronom démonstratif n'est pas suivi d'un autre mot comme un pronom relatif ou une préposition.

61. Réponses **A** et **B**
Les deux pronoms relatifs sont corrects.

62. Réponse **B**
Pronom relatif *dont* (*on dit de ce quartier...*).

63. Réponses **A** et **C**

64. Réponses **A** et **C**
On ajoute un *s* à l'impératif en *-e* quand le verbe est suivi des pronoms personnels *en* ou *y*.

65. Réponse **A**
À la forme négative, les pronoms se placent devant le verbe.

66. **a) *Qui* :** pronom interrogatif, COD de *aimes*
b) *Ceux* : pronom démonstratif, masculin pluriel, sujet de *prendront*
c) *D'aucuns* : pronom indéfini, invariable, sujet de *pensent*
d) *leur* : pronom personnel, masculin pluriel, COI de *répéterai*
***leurs* :** pronom possessif, féminin pluriel, COD de *ont*

LE VERBE

Questions 67 à 177 • p. 22

Les conjugaisons

67. Réponse **A**
Verbe *convaincre*, indicatif présent

68. Réponse **B**
Verbe *rire*, indicatif imparfait

69. Réponses **A** ou **C** et **E**
S'asseoir, indicatif présent, et *s'endormir*, indicatif présent

70. Réponse **B**
Avoir, subjonctif présent

71. Réponse **B**
Finir, indicatif passé simple

72. Réponse **B**
Vivre, indicatif passé simple

73. Réponse **B**
Pouvoir, indicatif passé simple

74. Réponse **C**
Mourir, indicatif futur

75. Réponse **A**
Résoudre, indicatif présent

76. Réponse **A**
Craindre, indicatif présent

77. Réponse **A**
Manger, indicatif imparfait

78. Réponse **B**
Préférer, indicatif futur

> Les verbes en *-éter*, *-écer*, *-érer*, etc. conservent le « *é* » au futur et au conditionnel, même si l'usage le transforme souvent en « è ». Il faut donc écrire « *répéterai* » et non « *répèterai* ».

79. Réponse **C**
Jeter, indicatif passé composé

80. Réponse **C**
Joindre, indicatif passé simple

81. Réponse **A**
Remplacer, indicatif présent

82. **a)** verbe *être*, mode impératif, temps présent, 2e personne du singulier, voix active
b) verbe *comprendre*, mode conditionnel, temps passé, 1re personne du singulier, voix active
c) verbe *aimer*, mode participe, temps présent, voix active
d) verbe *finir*, mode indicatif, temps passé antérieur, 1re personne du pluriel, voix active.
e) verbe *licencier*, mode participe, temps passé, voix passive
f) verbe *acquérir*, mode conditionnel, temps présent, 1re personne du singulier, voix active
g) verbe *résoudre*, mode indicatif, temps passé composé, 3e personne du pluriel, voix passive.
h) verbe *tenir*, mode subjonctif, temps imparfait, 3e personne du singulier, voix active
i) verbe *ceindre*, mode participe, temps passé, voix passive
j) verbe *s'asseoir*, forme pronominale, mode infinitif, temps passé, voix active

83. **a)** subjonctif présent
b) indicatif futur dans le passé
c) conditionnel passé deuxième forme
d) subjonctif présent
e) indicatif passé antérieur
f) indicatif imparfait

84. **a)** *que je convainquisse*
b) *je cuisis*
c) *tu bous.*
d) c'est un verbe défectif : il n'y a ni imparfait, ni passé simple, ni subjonctif imparfait
e) *je crûs*
f) *nous pourvoirions*
g) *vous seriez survenus*
h) *ils furent nés*
i) *que nous eussions jeté*
j) *nous épellerons* ou *nous épèlerons*, depuis les rectifications orthographiques de 1990.

85. Réponses **B**, **C**, **E**, **G**, **H**, **K** et **L**

Les verbes du 1er groupe et certains verbes du 3e groupe qui ont une conjugaison en -e au présent : pas de -s à la deuxième personne du singulier de l'impératif, sauf si le verbe est suivi des pronoms *en* ou *y* → *va !* mais *vas-y !*, *cueille !* mais *cueilles-en* ! Les autres verbes prennent toujours un -*s*.

86. Les verbes défectifs ne sont utilisés qu'à certains modes, certains temps ou certaines personnes.
Ex. : *absoudre, advenir, avérer, braire, bruire, choir, clore, déchoir, échoir, éclore, enclore, s'ensuivre, faillir, falloir, frire, gésir, luire, nuire, occire, oindre, ouïr, paître, pleuvoir, poindre, pouvoir, quérir, seoir, sourdre, soustraire, traire...*

L'ACCORD DU VERBE

Le verbe s'accorde avec son sujet. Mais il y a de nombreux cas particuliers.
a) Avec un nom collectif suivi de son complément : accord avec le collectif ou le complément selon le sens.

87. Réponse **A**
L'accord se fait avec *pile* parce que c'est l'ensemble qui s'écroule.

88. Réponse **B**
Avec « *la plupart* », l'accord se fait avec le complément.

89. Réponse **A**
C'est la foule qui grossissait, non les gens.

90. Réponses **A** et **B**
Ici, les deux sont possibles selon que l'on considère la multitude **collectivement** (accord au singulier, avec le collectif), ou la pluralité prise **individuellement** (accord au pluriel, avec le complément).

b) Avec une fraction au singulier (*moitié, tiers, quart...)* ou un nom numéral au singulier (*dizaine, douzaine...)* selon qu'est exprimé un nombre :
– approximatif → accord avec le complément au pluriel ;
– précis → accord avec le nom quantitatif.

91. Réponse **B**

92. Réponse **A**

93. Réponse **B**

> **c)** Sujets joints par *ni* ou par *ou* :
> – idée de conjonction → accord au pluriel ;
> – idée de disjonction ou d'opposition → accord avec le sujet le plus rapproché.

94. Réponse **B**
Ici, c'est l'idée de conjonction qui est exprimée.

95. Réponses **A** et **B**
Ici, les deux réponses sont possibles car il est difficile de déterminer si c'est l'idée de conjonction ou d'opposition qui est exprimée.

96. Réponse **A**
Ici, c'est le sens d'opposition qui prévaut : il ne peut y avoir qu'un seul époux.

> **d)** Avec...
> – *plus d'un* → verbe au singulier ;
> – *moins de deux* → verbe au pluriel.
> En fait, on fait l'accord avec le complément.

97. Réponse **A**

98. Réponse **B**

> **e)** Sujets joints par *ainsi que, comme, avec, autant que, de même que...* :
> – accord avec le premier sujet s'il exprime l'idée dominante (la conjonction exprime une comparaison) ;
> – accord avec les deux sujets si la valeur comparative s'efface devant la valeur copulative.

99. Réponse **B**
Ici n'est pas exprimée une idée de comparaison.

> **f)** Avec le pronom relatif *qui* :
> accord du verbe avec le genre et le nombre de l'antécédent.

100. Réponse **B**

Ici, l'antécédent est *moi*, première personne du singulier.

> **g)** Avec des sujets qui marquent une gradation : accord avec le dernier, qui est le plus marquant.

101. Réponse **A**

> **h)** Avec la répétition de *chaque, aucun, nul* dans une suite de sujets : accord au singulier ou au pluriel, sauf si l'on marque une gradation (*cf.* § g précédent).

102. Réponses **A** et **B**

> **i)** Avec *peu, le peu de* :
> – accord avec le quantitatif (*peu*) au singulier, si c'est la quantité à quoi l'on pense ;
> – accord avec le complément dans le cas contraire.
> Même règle que pour un nom collectif (*cf.* § a plus haut).

103. Réponse **A**

Ici, c'est l'idée de peu qui est dominante.

104. ***déploraient :*** 3e personne du pluriel car « *comme* » dans la phrase a une valeur copulative, non comparative.

restait : 3e personne du singulier, car l'accord se fait avec « *le peu* » : c'est l'idée de quantité qui est dominante.

étaient : 3e personne du pluriel, accord avec « *cheveux* », car ce sont les cheveux qui sont gris, pas le peu.

> Quand le complément de « *la plupart* » est « nous » ou « vous », le verbe s'accorde à la 3e personne du singulier.
> Avec « *tel et/ou tel* », le verbe s'accorde ou au singulier ou au pluriel (cas le plus fréquent). Tout dépend si l'on privilégie une individualité ou une pluralité.

105. *La plupart d'entre nous ne* ***sait*** *comment tel point ou telle règle de grammaire* ***s'explique/s'expliquent****.*

106. *Par ailleurs, une foule de gens* ***disent*** *que ce* ***sont*** *là des sujets sans importance.*

107. *Elle et moi* ***pensons*** *que ni lui ni toi ne* ***devez*** *prendre une décision trop rapidement.*
(sujet) *et moi* → = *nous* → accord du verbe à la 1re personne du pluriel.
(sujet) *et toi* → = *vous* → accord du verbe à la 2e personne du pluriel.

LES ACCORDS DU PARTICIPE PASSÉ

I. Les verbes non pronominaux

I.1 – Avec l'auxiliaire *avoir*, il n'y a pas d'accord du participe passé : *Ils ont regardé des films.*
Mais on fait l'accord en genre et en nombre avec le complément d'objet direct (COD) quand il précède le participe, c'est-à-dire :
a) avec un pronom personnel COD (*me, te, se, le, la, nous, vous, les*) : *Ces films ? oui, je les ai vus ;*
b) avec le pronom relatif *que* : *Ce sont les seuls films que j'ai vus* ;
c) dans les phrases interrogatives avec inversion du sujet ou avec « *est-ce que* », quand l'interrogation porte sur le COD : *Quels films as-tu vus ?/Combien de films est-ce que tu as vus ?* (mais : *Tu as vu quels films ?*) ;
d) dans les phrases exclamatives quand l'exclamation porte sur le COD : *Que de films tu as vus !*
e) quand le participe passé est suivi d'un attribut du complément d'objet direct qui précède le participe passé (avec les verbes *croire, trouver, penser, préférer, rendre, dire...*) : *Ces hommes, je les aurais crus plus courageux ; ces conférences, je les ai trouvées très intéressantes.*

I.2 – Avec l'auxiliaire *être*, on fait l'accord en genre et en nombre avec le sujet :
a) pour les quelques verbes intransitifs exprimant en général un changement d'état ou un mouvement qui se conjuguent avec *être* (*naître, mourir, monter, descendre, aller, venir, entrer, sortir, passer, tomber, retourner, rester, demeurer*) ;
b) pour les verbes passifs.

I.3 – Il y a beaucoup de cas particuliers !
a) On ne fait jamais d'accord :
– avec le pronom « en » : *Des films, j'en ai vu beaucoup ;*
– avec les verbes *faire, pouvoir, devoir, penser, croire, permettre* + infinitif (infinitif exprimé ou sous-entendu) : *J'ai regardé tous les films que j'ai voulu* (sous-entendu : *regarder*) ; *ils habitent la maison qu'ils ont fait construire ;*
– avec les verbes impersonnels *: les tempêtes qu'il y a eu, la neige qu'il est tombé, la chaleur qu'il a fait, la patience qu'il a fallu...*
b) Quelques accords délicats :
– les verbes *coûter, peser, mesurer, valoir, vivre, marcher, courir, dormir, régner*, etc. Lorsqu'ils sont employés au sens propre, le participe passé reste invariable. Dans ce cas, ils sont accompagnés d'un complément circonstanciel de poids, de mesure, de prix, de durée, etc., qu'il ne faut pas confondre avec un COD. Mais pris au sens figuré, ils sont transitifs et suivent la règle générale : *Il pensait aux sommes astronomiques que ce diamant avait coûté..., à toutes ces belles années qu'il avait vécu... aux efforts que ce travail lui avait coûtés, aux risques qu'il avait courus ;*
– les verbes de perception (*apercevoir, voir, regarder, écouter, entendre, sentir*) et quelques autres (*envoyer, laisser, ...*) suivis d'un infinitif :
 – on fait l'accord si le COD qui précède est complément du verbe conjugué et sujet de l'infinitif : *Voilà les acteurs que j'ai vus jouer, je les ai laissés partir* ;
 – on ne fait pas l'accord si le COD qui précède est complément de l'infinitif : *Voilà les pièces que j'ai vu jouer, je les ai envoyé chercher.*

II. Les verbes pronominaux
Tous les verbes pronominaux se conjuguent avec l'auxiliaire *être* mais l'accord du participe passé diffère :

II.1 – Accord du participe passé avec le sujet pour :

a) les verbes pronominaux de sens passif. Ils suivent la règle d'accord du participe passé à la voix passive : *Les BD se sont bien vendues ;*

b) les verbes essentiellement pronominaux et les verbes pronominaux non réfléchis (ils changent de sens employés pronominalement) :

ces verbes n'existent que sous la forme pronominale : *s'envoler, s'écrier, se réfugier, s'évader, se soucier, se souvenir, se suicider... s'apercevoir, s'attendre à, se douter, se taire, se plaindre...*

Les oiseaux se sont envolés, elles se sont aperçues de leur erreur.

II.2 – Accord du participe passé avec le COD quand il précède le participe pour :

a) les verbes transitifs ou intransitifs employés pronominalement. On fait l'accord du participe passé comme s'ils étaient conjugués avec « *avoir* », c'est-à-dire avec le COD quand il précède le participe. Il faut donc analyser le pronom réfléchi pour déterminer sa fonction : COD ou COI.

– *Elle s'est lavée (= elle a lavé elle-même → se* est COD) , *ils se sont disputés* (*ils ont disputé eux-mêmes → se* est COD).

– *Elle s'est lavé les mains* (*les mains* est le COD de *laver*, *se* est COI), *ils se sont disputé la dernière place* (*la dernière place* est le COD).

– *Ils se sont téléphoné, ils se sont écrit, ils se sont souri...* : *se* est ici COI (*téléphoner, écrire, sourire à quelqu'un*), on ne fait pas d'accord.

– *Ils ont gardé les lettres qu'ils s'étaient écrites* (*se* est COI, on fait l'accord avec *que*, pronom relatif COD dont l'antécédent est *les lettres*, féminin pluriel).

b) Pour les verbes pronominaux suivis d'un infinitif, *cf.* la règle des verbes suivis d'un infinitif.

108. Réponse **A**

Cf. I.3 a

109. Réponse **A**
Le COD de *Croire* est « *que je leur enverrai* ».

110. Réponse **B**
Cf. I.3 b

111. Réponse **A**
Cf. I.3 b

112. Réponse **A**
Cf. I.3 b

113. Réponse **C**
Cf. I.3 b

114. Réponse **A**
Cf. I.3 a

115. Réponse **B**
Cf. I.1

116. Réponse **A**
Cf. I.1

117. Réponse **C**
Cf. I.1 e

118. Réponse **A**
Le participe passé de « *Se rendre compte* » est toujours invariable.

119. Réponse **B**
Cf. II.1 b

120. Réponse **A**
Cf. II.2 a

121. Réponse **A**
Cf. II.2 a

122. Réponse **A**
Cf. II.2 a

123. Réponse **B**
Cf. II.2 b

124. Réponse **B**
Cf. II.1 b

125. Réponses **C** et **D**
Cf. I.1 et II.2 a

126. Réponse **B**
Cf. II.2 b
*La vieille dame s'est laissé conduire docilement jusqu'au fauteuil où elle s'est laissé**e** tomber lourdement.*
Cf. II.2. b

127. *Après s'être **connus** sur Internet, s'être **écrit** pendant des mois, ils s'étaient enfin **donné** rendez-vous et **rencontrés** dans un bar.*
Cf. II.2. a

128. Réponse **C**
Cf. I.2. b

129. Réponse **A**
Cf. I.1

130. Réponse **B**
Cf. I.2. a

131. Réponse **A**
Cf. I.1. a (on fait l'accord avec le pronom personnel *l'*)

132. Réponse **C**
Cf. I.1. d

LES MODES

Futur ou conditionnel ?

Si + présent	Indicatif présent, futur simple, futur proche ou impératif *Si tu as faim, mange ! S'il a froid, il mettra un manteau.*

>>>

>>>

Si + imparfait	Conditionnel présent *S'il en avait la possibilité, il recommencerait.*
Si + plus-que-parfait	Conditionnel passé (ou conditionnel présent si la conséquence est postérieure) *Si j'avais su, je ne serais pas venu.* *S'il avait fait des études, il aurait un meilleur emploi aujourd'hui.*

✔ *Si*... et *que*... : quand « *si* » est repris par « *que* », ce dernier est suivi du subjonctif.

133. Réponse **B**

134. Réponse **A**

135. Réponse **C**

136. Réponses **B** et **E**
Le conditionnel passé sert aussi à exprimer le regret ou le reproche.

137. Réponse **A**
Pour savoir s'il faut un futur ou un conditionnel pour la première personne (ils ont la même prononciation), on peut changer le pronom et essayer avec la première personne du pluriel, *nous*.

Indicatif ou subjonctif ?

On met le subjonctif après les verbes exprimant...

la volonté, l'obligation, l'attente	*vouloir, désirer, souhaiter, interdire, falloir, être nécessaire, demander, attendre*, etc. Exception : *espérer que* + indicatif
des sentiments, un jugement	*craindre, avoir peur, être heureux, malheureux, fâché, triste*, etc. *il est juste, bon, temps*, etc. Exception : *heureusement que* + indicatif

>>>

la possibilité ou l'impossibilité le doute	*être possible, impossible, se pouvoir*, etc. *douter*, ne pas être sûr, ne pas être certain, ne pas être probable, être douteux, être concevable, être peu vraisemblable, être peu plausible, être incertain, sembler, avoir une chance*, etc. Exception : *peut-être que* + indicatif ou conditionnel *être probable* Le doute est aussi exprimé par les verbes d'opinion à la forme négative : *ne pas penser, ne pas croire, ne pas trouver, ne pas dire*, etc. Exception : *il me semble que* + indicatif (= *je trouve*) → *il ne me semble pas que* + subjonctif * À la forme négative, on peut trouver l'indicatif après « *douter que* » quand on veut insister sur la réalité d'un fait (*je ne doute pas qu'il réussira* VS *je ne doute pas qu'il réussisse*). On peut trouver aussi le conditionnel pour exprimer une éventualité (*je ne doute pas qu'il me préviendrait s'il était en retard*).

On met le subjonctif après certaines conjonctions...

de temps	*avant que, en attendant que, jusqu'à ce que...*
de but	*pour que, afin que, de sorte que, de manière que, de peur que, de crainte que...*
de concession, d'opposition	*bien que, quoique, si tant est que, quelque... que, pour... que, sans que, au lieu que, encore que...*

>>>

de condition	*à condition que, pour peu que, à moins que, pourvu que, si tant est que, pour autant que, à supposer que, en admettant que, soit que... soit que, que... que...*

138. Réponse **C**
Quand le sujet des deux verbes est le même, il faut mettre l'infinitif.

139. Réponses **A** et **C**
L'expression de la certitude est suivie de l'indicatif. *Cf.* le tableau ci-dessus pour le cas de « *probable* ».

140. Réponses **B** et **D**
Cf. le tableau ci-dessus.

141. Réponse **B**
Cf. le tableau. Les verbes en *-oyer* n'ont qu'une forme aux trois premières personnes du singulier et à la troisième personne du pluriel au présent (*-oie*, *-oies*, *-oient*)

142. Réponses **A** et **B**
Cf. le tableau. Il y a deux formes pour les verbes en *-ayer* aux trois premières personnes du singulier et à la troisième personne du pluriel au présent (*-aie*, *-aies*, *-aient* ou *-aye*, *-ayes*, *-ayent*)

143. Réponse **D**

144. Réponse **B**

En général, on trouve l'indicatif dans la proposition relative. Mais on utilisera le subjonctif :
– quand est exprimée une idée de but à atteindre, avec un antécédent indéfini (*je cherche quelqu'un, un interprète, qui sache parler chinois*) ;
– quand l'antécédent est déterminé par un superlatif, ou un équivalent (comme le seul, l'unique, le premier), qui, souvent, exprime un jugement personnel (*c'est la meilleure chose qui puisse arriver*) ; quand le fait est réel, on met l'indicatif (*c'est le premier magicien qui fasse ce genre de tours VS Armstrong est le premier homme qui a marché sur la Lune*).

145. Réponse **B**

146. Réponse **B**

147. Réponse **A**

148. Réponse **B**

Indicatif, conditionnel ou subjonctif ?

149. Réponse **B**
« *au cas où* » est suivi du conditionnel.

150. Réponse **C**

151. Réponse **B**

152. Réponse **B**

153. Réponses **A**, **B** et **C**
À la forme affirmative, « *nier que* » est suivi du subjonctif ; à la forme négative, on peut trouver les trois modes selon l'idée que l'on veut exprimer :
– une certitude → l'indicatif ;
– une éventualité → le conditionnel ;
– un doute → le subjonctif.

154. Réponses **A** et **B**
Dans cette tournure, il faut l'indicatif, même si l'emploi du subjonctif, quoique critiqué, est plus usité. En effet, il semble que l'on exprime plus un jugement personnel portant sur une qualité que la réalité d'un fait.

155. Réponse **B**

156. Réponse **C**
On pourrait remplacer le conditionnel par « *même s'il en avait la possibilité* », qui exprime la concession.

157. *Si vous **passiez** un examen et que vous **sachiez** qu'un étudiant **trichait**, que feriez-vous ? Pensez-vous qu'il **faille** le signaler de sorte qu'il **soit** éliminé de la session et peut-être interdit d'examen pendant plusieurs années ? Il est peu probable que les autorités* *en la matière **veuillent** prendre une mesure qui **puisse** paraître laxiste ; au contraire, il est vraisemblable qu'elles **feront** en sorte d'être exemplaires.*

Les voix

Pour les verbes transitifs, on distingue deux voix :
a) la voix active : le sujet du verbe représente l'agent du procès (ou « fait l'action ») ;
b) la voix passsive : le sujet ne représente pas l'agent du procès.

À la voix passive, le complément d'agent est introduit par la préposition « *par* », ou « *de* » dans certains cas :
– avec les verbes de sentiment (*aimer, détester, respecter, apprécier*, etc. : *il est apprécié de ses amis ;*
– avec les verbes exprimant une opération intellectuelle (*connaître, ignorer, savoir*, etc. : *une affaire connue de tous*) ;
– avec les verbes exprimant un état (*border, couvrir, entourer*, etc. : *la rue est bordée d'arbres majestueux*) ;
– avec les verbes exprimant une localisation dans le temps ou l'espace (*accompagner, précéder, suivre*, etc. : *il arrivait, suivi de son petit chien*).
Le sens passif peut aussi être exprimé à la voix active !

158. Réponse **A**
Toutes les autres phrases ont un sens passif exprimé de manières différentes :
– *Un immeuble sera construit* et *Il est apprécié de ses amis* : voix passive ;
– *Ces livres se vendent bien* : verbe pronominal de sens passif (conjugué à la voix active, = *ces livres sont bien vendus*) ;
– *Elle s'est fait voler ses papiers* : (le verbe « se faire » à la voix active + infinitif (= *ses papiers lui ont été volés par quelqu'un*).

159. Réponses **B**, **D** et **E**
Il ne faut pas confondre la voix passive et les verbes conjugués avec l'auxiliaire *être* aux temps composés.

160. Voix passive

a) *Les bourreaux seront-ils pardonnés par leurs victimes ?*
« *Pardonner à quelqu'un* » et « *obéir à quelqu'un* », quoique construits avec un complément précédé d'une préposition, admettent une forme passive.

b) *Les résultats du concours ont été annoncés au public.*

c) Impossible car « *sortir* » se conjugue avec le verbe *être* et est intransitif.

d) Pas de transformation possible avec le verbe *avoir*.

e) *Tout nous était permis.*

161. Voix active

a) « *Se poursuivre* » est un verbe pronominal de sens passif. La phrase est déjà à la voix active.

b) *On effectuera des tests bientôt.*

c) *Les journalistes ont interviewé les grévistes.*

d) *On retransmet les matchs à la radio.*

e) L'infinitif introduit par « *se faire, se laisser, se voir, s'entendre* » peut remplacer une construction passive, mais le verbe est conjugué à la voix active.

162. Réponses **A**, **D**, **E** et **G**

• Les verbes *regarder*, *comprendre*, *présenter* ne peuvent pas se mettre à la voix passive quand ils sont employés au sens figuré.

• Les verbes *coûter, mesurer, peser,* etc. ne peuvent se mettre à la voix passive quand ils sont employés au sens propre, c'est-à-dire non suivis d'un complément d'objet direct (le complément dans ce cas répond à la question « combien ? » et non « quoi ? »).

163. Après ***avoir été réparés***, *les* ***livres furent remis*** *sur l'étagère où ils avaient toujours été, et d'où ils étaient tombés quand le ménage* ***avait été fait***.

Trois verbes sont à la voix passive. Les deux autres sont le verbe *être* et le verbe *tomber*, au plus-que-parfait. *Tomber* se conjugue avec l'auxiliaire *être* et ne peut pas se mettre à la voix passive.

164. Réponse **B**

Ici, il faut le subjonctif passé passif.

165. *Les examens* ***étant finis****, les étudiants peuvent partir en vacances.*
mode : participe
temps : présent
voix : passive

166. *Soyez rentrés avant minuit !*
mode : impératif
temps : passé
voix : active

167. *La conférence était suivie* ***d'****un débat.*
Ses créations étaient admirées ***de*** *tous.*
Les nouvelles tendances sont suivies ***par*** *toutes les victimes de la mode.*
Cf. explications plus haut. Dans la phrase 3, le verbe *suivre* n'exprime pas une localisation dans le temps, comme dans la phrase 1. Le complément d'agent est donc introduit par « *par* ».

Participe présent ou adjectif verbal

Participe présent	Adjectif verbal
• Il marque une action. • Se termine toujours par *-ant.* • Est toujours invariable. • Peut avoir un complément direct ou indirect (*une personne aimant les animaux, parlant aux oiseaux*). • Peut s'employer à la forme pronominale (*une personne se méfiant de tout*). • Peut être suivi d'un adverbe (*une personne aimant trop se regarder*). • Peut avoir un sujet propre (*la pluie cessant, il sortit*). • Peut être précédé de *en* pour former le gérondif.	• Il marque un état ou une qualité durables. • Se termine par *-ant* (ou *-ent* dans certains cas). • Il s'accorde comme un adjectif. • Peut avoir un complément de l'adjectif (*une personne brûlante de fièvre*). • Ne peut pas avoir de pronom réfléchi (*une personne méfiante*). • Peut être précédé d'un adverbe (*une personne trop aimante*). • Est épithète ou attribut.

Cas particuliers de l'adjectif verbal :
– Il est invariable dans les expressions familières *flambant neuf*, *soi-disant*.
– Il est invariable ou variable dans (l'heure) *sonnant /sonnante(s)*, *tapant/tapante(s)*, *pétant/pétante(s)* : on peut dire *à 3 heures sonnant* ou à *3 heures sonnantes*.
– Il s'orthographie parfois différemment du participe présent, notamment dans le cas des verbes en *-ger*, *-guer*, *-quer*.

Participe présent	**adjectif verbal**
abstergeant	*abstergent*
adhérant	*adhérent*
affluant	*affluent*
coïncidant	*coïncident*
communiquant	*communicant*
convainquant	*convaincant*
convergeant	*convergent*
déférant	*déférent*
différant	*différent*
émergeant	*émergent*
équivalant	*équivalent*
excellant	*excellent*
expédiant	*expédient*
fatiguant	*fatigant*
influant	*influent*
intriguant	*intrigant*
naviguant	*navigant*
négligeant	*négligent*
précédant	*précédent*
provoquant	*provocant*
somnolant	*somnolent*
suffoquant	*suffocant*
vaquant	*vacant*
zigzaguant	*zigzagant*

Exigeant s'écrit toujours *-geant*, qu'il soit participe présent ou adjectif verbal.

168. Réponse **A**
Participe présent, avec un complément circonstanciel.

169. Réponse **C**
Adjectif verbal, ne marque pas une action.

170. Réponse **B**
Participe présent, avec un COD ; marque une action.

171. Réponse **C**
Adjectif verbal, marque un état.

172. Réponse **B**
Participe présent, avec un complément indirect.

173.

Participe présent	Adjectif verbal
tombant *étant bondé* *attendant* *excellant*	*tremblant* *tenante* *étonnant* *alléchant* *différentes*

174. **a)** *adhérent*
b) *coïncident*
c) *convergent*
d) *excédent*
e) *exigeant*
f) *équivalent*
g) *intrigant*
h) *piquant*
i) *provocant*
l) *vacant*

175. **a)** Réponse **A**
b) Réponse **B**
c) Réponse **A**
d) Réponse **A**
Les formes anciennes des participes de *pouvoir* et de *savoir* se sont maintenues dans la langue comme adjectifs : *puissant, savant.*

Le verbe *valoir* avait un participe présent en *vaillant*, qu'on a gardé dans l'expression « *pas un sou vaillant* ».

176. *Les trottoirs rendus* ***glissants*** *par le verglas ont causé la chute d'une vieille dame aux cheveux* ***grisonnants****, engoncée dans une fourrure flambant neuf. Elle était soi-disant malade, brûlante de fièvre et, toute honte* ***cessant****, émit des cris déchirants.*
– *glissants* (adjectif verbal, marque un état)
– *grisonnants* (adjectif, marque un état)
– *cessant* (participe présent, avec un sujet propre, *toute honte*)

177. *Vacillant* est ici un participe présent. Il est à la forme négative, précédé de *ne* et suivi de *pas*, comme un verbe.

L'ORTHOGRAPHE

Questions 178 à 212 • p. 42

Quelques difficultés

178. **a)** démocratie
b) inertie
c) spatial
d) ascenseur
e) éclaircie
f) substantiel
g) convalescence
h) discipliné
i) dissipé

> *-tiel* ou *-ciel* ? Les mots masculins s'écrivent *-tiel*, sauf après une voyelle (*un logiciel*).

179. Réponse **A**
Le participe passé de *devoir* ne prend un accent circonflexe qu'au masculin singulier.

180. Réponse **B**
On écrit *chaque* (adjectif indéfini) mais *chacun* ou *chacune* (pronom indéfini).

181. Réponse **C**

Les doubles consonnes

182. **a)** ca**rr**iole
b) chariot
c) cha**rr**ette
d) comba**tt**re
e) comba**tt**ant
f) combatif
g) ho**nn**eur
h) honorer
i) honorifique

183. **a)** asocial
b) di**ss**ymétrie
c) resurgir
d) vraisemblable

Pour avoir le son [s], on double la lettre « s » quand elle est entre deux voyelles, sauf dans quelques mots : *aérosol, asocial, asexué, asymétrie, contresens, contresigner, dysenterie, entresol, havresac, parasol, préséance, présupposer, resaler, resurgir, resalir, soubresaut, susurrer, tournesol, ultrason, vivisection, vraisemblable.*

184. **a)** si**ff**ler
b) persifler
c) sou**ff**rir
d) essou**ff**ler
e) boursoufler

185. **a)** envelo**pp**er
b) écloper
c) acho**pp**er
d) galoper
e) syncoper
f) dévelo**pp**er

186. **a)** Réponse **A**
b) Réponse **B**
c) Réponse **B**
d) Réponse **A**
e) Réponse **A**

187. **a)** Réponse **D**, *a**gg**raver*
Ils s'écrivent tous comme *agrandir*, sauf *agglomérer, agglutiner, aggraver.*
b) Réponse **E**, *a**tt**raper*
Mais *atèle, athlète, atermoyer, athée, atlante, atmosphère, atome, atone, atout, atours, atrabilaire.*
c) Réponse **D**, *a**pp**auvrir*
En général, les mots s'écrivent *aff-, app-, att-* ou *arr-* quand il y a un verbe dans la famille : *accorder, atterrir, afficher, appuyer,* mais *acompte, araignée, atelier* ; avec des exceptions : *apercevoir, aplanir, apaiser, apostropher.*
d) Réponse **B**, *a**bb**atiale*
On double le « *b* » seulement dans les mots de la famille de « *abbé* » et dans *rabbin, sabbat.*

188. **a)** Réponses **C** et **D**, *ca**rr**eau* et *ca**rr**efour*
b) Réponses **B** et **D**, *e**nn**eigement et e**nn**ui*
c) Réponses **A** et **B**, *a**cc**ident* et *a**cc**ord*
d) Réponse **B**, *so**ll**icitation*
e) Réponse **C**, *i**nn**ocent*

Récapitulons

En général, on double la consonne des mots commençant par	**vrai**	**faux**
ab-		seulement *abbé, abbesse, abbaye, abbatiale, rabbin, sabbat*
ac-	quand il y a un verbe dans la famille de ces mots	
ag-		✘
ap-	✘	
at-	✘	
car-		✘
en-		✘
in-		✘
sol-		✘

Les finales des mots

189. *Automne, hymne, indemne.* Contrairement à ce que l'on croit souvent, *dilemme* n'en fait pas partie.

190. **a)** Réponse **A,** *peignoir*
En général, les noms masculins s'écrivent *-oir* (avec des exceptions comme *accessoire, auditoire, conservatoire, déboire, directoire* et quelques autres) et les noms féminins *-oire*.

b) Réponse **B**, *relai**s***
Relais est une exception, tous les mots s'écrivent *-ai.*
c) Réponse **C**, *remor**d***
d) Réponse **C**, *viei**ll**o**tt**e*
Pâlotte, falote, vieillotte : on trouve les 3 formes pour le diminutif, sans règle précise pour savoir comment les orthographier.

191. **a)** Réponse **B**, *enfr**ein**dre*
b) Réponse **B**, *contr**ain**dre*
Les verbes s'écrivent *-eindre* sauf *craindre, contraindre* et *se plaindre.*

192. Réponses **A** et **D**, *canular* et *phar**e***

193. Réponses **A** et **C**, *idol**â**tre* et *pl**â**tre*

194. **a)** *at**èle***
b) *client**èle***
c) *mod**èle***
d) *fic**elle***
e) vermic***elle***
Ils s'écrivent *-elle*, y compris 4 noms masculins : *polichinelle, rebelle, vermicelle* et *violoncelle.* Mais : *atèle, isocèle, clientèle, fidèle, modèle, parallèle, stèle, zèle.*

195. **a)** *b**utte***
b) *fl**ûte***
c) *l**utte*** (ou *luth*)
d) *min**ute***
Ils s'écrivent *-ute* sauf : *butte, hutte, lutte*

196. **a)** *discu**ssion***
b) *percu**ssion***
c) *révolu**tion***
d) *solu**tion***
Ils s'écrivent tous comme *solution*, sauf *concussion, discussion, percussion, répercussion*

Récapitulons

Les mots se terminant en :	vrai	faux
[ar] s'écrivent surtout *-ar*	Vrai, mais il y a aussi beaucoup d'orthographes différentes	
[ɑtr] s'écrivent presque tous *-âtre*	✗	
[ɛl] s'écrivent presque tous *-èle*		✗
[war] s'écrivent presque tous *-oire*	Vrai quand ils sont féminins	
[yt] s'écrivent presque tous *-utte*		✗
[ysjɔ̃] s'écrivent presque tous *-ution*	✗	

Les lettres muettes

197. Réponse **A**, *agrément*
On met un *e* muet dans les mots en *-ment* qui dérivent des verbes finissant en *-ayer, -ier, -ouer* ou *-uer,* sauf : *châtiment, agrément.*

198. Réponse **B**
Le *i* est muet.

199. Réponse **B**, *ancre*
En général, la lettre *h* après une consonne témoigne d'une origine grecque du mot considéré.
Anachorète est d'origine grecque signifiant *qui va* (*khorein*) *loin de* (*ana*). C'est une sorte d'ermite.
Choral vient du latin *chorus*, lui-même d'origine grecque.
Le *chrême* est une huile sacrée (du grec *chrisma* : huile pour oindre) utilisée dans certaines cérémonies religieuses (le saint chrême).
Une *ancre* sert à fixer le bateau au fond de l'eau. À ne pas confondre avec une *encre* pour peindre ou écrire.

200. **a)** *liturgique*
b) *at**h**ée*
c) *at**h**lète*
d) *anat**h**ème*
e) *bizuter*

201. Réponse **B**
Attention à l'orthographe de *accueil* : le *u* après le *c* permet d'obtenir le son [k] ; et on ne rajoute pas un *u* pour avoir le son [œj]. Ce mot vient du verbe *accueillir*, formé lui-même sur *cueillir*. Même chose pour *orgueil*.

Les signes diacritiques

202. *Il conna**î**t un **é**nonc**é** qu'un po**è**te c**é**l**è**bre a r**é**p**é**t**é** sans arr**ê**t d'une voix aigu**ë** **à** tue-t**ê**te.*

L'accentuation du *e* :
• *é* est fermé quand il est placé à la fin de la syllabe, elle-même suivie d'une syllabe non muette ;
• il est ouvert et s'écrit è quand il est placé à la fin d'une syllabe, elle-même suivie d'une syllabe muette (ex. : *cé-lè-bre* mais *cé-lé-brer*) ;
• quand il est placé au milieu de la syllabe, c'est-à-dire entre deux consonnes (qui ne forment un groupe consonantique), il n'est pas accentué (ex. : *per-du, es-sen-ce, bel-ge*) ;
• jamais d'accent quand il est suivi d'un */x/* ;
• l'accent circonflexe marque la chute d'une lettre (souvent *s*, qu'on retrouve dans les mots de la même famille : ex. : *forêt, forestier ; arrêt, arrestation*) ;
• le tréma permet de prononcer la voyelle finale de l'adjectif (ex. : *aiguë* /aigu/ et non /aig/).

L'accent grave sur le *a* et le *ou*
• permet de distinguer la préposition (*à*) de la troisième personne du verbe *avoir* au présent (*a*) ;
• permet de distinguer la conjonction de coordination (*ou*) du pronom (*où*).

203. **a)** *cano**ë***
b) *ar**ô**me*
c) *aromatiser*
d) *ambigu**ï**t**é***
e) *s**û**ret**é***
f) *cr**è**che*

204. **a)** *abc**è**s*
b) *homog**è**ne*
c) *homog**é**n**é**iser*
d) *imp**ô**t*
e) *imposer*
f) *ubiquit**é***

205. **a)** *un **roman-photo***
b) *un compte rendu*
c) *une maison close*
d) *le* **savoir-vivre**
e) *un **porte-monnaie***
f) *un **tiroir-caisse***

206. **a)** *un **faux-fuyant***
b) *un **faux-jeton***
c) *un **pique-nique***
d) *un **jean-foutre***
e) *une **queue-de-poisson***
f) *à la queue leu leu*

207. **a)** *C'est **tout à fait** clair maintenant.*
b) *Un homme au-dessus de tout soupçon.*
c) *Il a répondu du **tac au tac**.*
d) *Il a envoyé son **curriculum vitæ**.*
e) *Il a tout compris, c'est-à-dire rien !*
f) *Je n'ai aucun scrupule vis-à-vis de lui.*

208. **a)** *On se voit encore de temps en temps.*
b) *On ne se voit plus que de* ***loin en loin****.*
c) *Ce face-à-face télévisé n'avait aucun intérêt. (Mais face à face* est aussi accepté.)
d) *Il fit* ***volte-face****, lui tournant ainsi le dos.*
e) *C'est un vrai* ***crève-cœur*** *de le laisser ainsi.*
f) *Il a été interpellé au saut du lit.*

209. **a)** *un ravalement de fa**ç**ade*
b) *un chemin ronceux*
c) *un pincement au cœur*
d) *le caducée des médecins*
e) *un su**ç**on dans le cou*
f) *un processus archaïque*
g) *des lèvres gercées*

210. **a)** *de lourds soup**ç**ons*
b) *des gencives sensibles*
c) *une procession d'imbéciles*
d) *un procès inique*
e) *des silhouettes graciles*
f) *des cellules phagocytes*
g) *une salade ni**ç**oise*

211. **a)** *Cette machine a un cycle de rin**ç**age à 1 200 tours.*
b) *Nice est en province mais pas en Provence, n'est-ce pas ?*
c) *Malgré quelques bons placements, je me suis fait rincer par la Bourse.*
d) *J'ai pour précepte de ne jamais chercher à précipiter les événements.*
e) *Il est vraiment influen**ç**able. C'est une facette de sa personnalité que je ne soup**ç**onnais pas.*

212. **a)** *Après des débuts comme-ci comme-**ç**a, il a fait une percée époustouflante sur ce marché.*

b) *J'ai écoulé bien des étés paresseux sous les arceaux de cette tonnelle proven**ç**ale.*

c) *J'ai été très dé**ç**u par ce rempla**ç**ant, incapable de prendre la moindre décision.*

d) *Si son attitude m'aga**ç**ait déjà par le passé, elle m'agace plus encore aujourd'hui.*

e) *J'apprécie peu les courriers du percepteur, excepté si c'est pour recevoir un re**ç**u de trop-per**ç**u.*

On ne met pas de cédille devant e, i ou y.

Corrigés

LE TEXTE

LA COHÉSION DU TEXTE

Questions 213 à 248 • p. 52

La concordance des temps

213. Réponse **B**

Indicatif

« action » 1 (antérieure)	« action » 2
Passé composé	Présent *Je ramasse les feuilles qui sont tombées.*
• Plus-que-parfait • Passé surcomposé (après : *aussitôt que, dès que, quand, après que...*)	Passé composé *J'ai ramassé les feuilles qui étaient tombées* *Dès qu'il a eu fini de dîner, il est sorti.*
Plus-que-parfait	Imparfait *Je voyais bien qu'il avait pleuré.*
• Plus-que-parfait • Passé antérieur (après : *aussitôt que, dès que , quand, après que...*)	Passé simple *Il nota ce qu'il avait vu.* *Quand il eut terminé son dîner, il sortit.*

>>>

>>>

« action » 1 (antérieure)	« action » 2
Futur antérieur	Futur *Tu feras ce que tu voudras quand tu auras passé ton bac.*

Subjonctif

Verbe principal	Verbe au subjonctif
Présent / futur/ conditionnel présent	Subjonctif présent (simultanéité ou postériorité) *Je veux/voudrais que tu viennes.* Subjonctif passé (antériorité) *Je suis heureux que vous ayez réussi.*
Temps du passé/ conditionnel passé	Subjonctif imparfait (simultanéité ou postériorité)* *Je voulais qu'il comprît* (ou *comprenne*). Subjonctif plus-que-parfait (antériorité). *J'étais heureux qu'il eût réussi* (ou *qu'il ait réussi*).

* Les subjonctifs imparfait et plus-que-parfait ne s'utilisent plus guère (éventuellement à la 3e personne du singulier et dans une langue soutenue). Ils sont remplacés par les subjonctifs présent et passé.

214. Réponse **C**

215. Réponse **A**

216. Réponse **C**

217. Réponse **B**

218. Réponse **C**

La concordance des temps au discours indirect

Verbes du discours direct	Verbe opérateur au présent ou au futur	Verbe opérateur à un temps du passé
À l'indicatif		
Présent *Je viens.*	Présent *Il me dit qu'il vient.*	Imparfait *Il m'a dit qu'il venait.*
Futur *Je viendrai.*	Futur *Il me dit qu'il viendra.*	Futur du passé (= forme du conditionnel présent) *Il m'a dit qu'il viendrait.*
Futur antérieur *J'aurai bientôt fini.*	Futur antérieur *Il m'affirme qu'il aura bientôt fini.*	Futur antérieur du passé (= forme du conditionnel passé) *Il m'a affirmé qu'il aurait bientôt fini.*
Imparfait *Je le savais.*	Imparfait *Il me dit qu'il le savait.*	Imparfait *Il m'a dit qu'il le savait.*
Passé composé *J'ai compris.*	Passé composé *Il me dit qu'il a compris.*	Plus-que-parfait *Il m'a dit qu'il avait compris.*
Plus-que-parfait *J'avais deviné.*	Plus-que-parfait *Il m'assure qu'il avait deviné.*	Plus-que-parfait *Il m'a assuré qu'il avait deviné.*

➤➤➤

>>>

Verbes du discours direct	Verbe opérateur au présent ou au futur	Verbe opérateur à un temps du passé
Au subjonctif		
Présent *Qu'elle vienne !*	Présent *Il me demande qu'elle vienne.*	Imparfait (ou présent) * *Il m'a demandé qu'elle vînt* (ou *qu'elle vienne*).
Passé *Pourvu qu'elle ait compris.*	Passé *Il souhaite qu'elle ait compris.*	Plus-que-parfait (ou passé)* *Il souhaitait qu'elle eût compris* (ou *qu'elle ait compris*).

* aujourd'hui, les subjonctifs imparfait et plus-que-parfait s'utilisent très peu (éventuellement à la 3e personne du singulier, et dans une langue très soutenue), ils sont remplacés par les subjonctifs présent et passé.

219. Réponses **C** et **F**

220. *Il entre et, en attendant qu'on le conduise à une table, regarde autour de lui les clients qui mangent, s'amuse de ceux qui ont glissé la serviette dans le col de la chemise ; il songe à ce qu'il pourrait commander à dîner et décide qu'une soupe lui suffira.*
– *il pourrait* : conditionnel présent, donc il reste conditionnel présent.
– *une soupe lui suffirait* : futur dans le passé, qui devient un futur dans un texte au présent.

221. *Les voyageurs se dirigèrent vers le car qui les attendait devant l'hôtel. Ils iraient visiter le site dont le guide leur avait vanté l'intérêt. Certains rechignèrent et émirent le désir qu'on les laissât se reposer davantage, mais le guide fit la sourde oreille. Dès qu'ils eurent tous pris place, le chauffeur démarra.*
Cf. le tableau de la concordance des temps.

222. **a)** *Après que le vendeur* ***m'a expliqué*** *comment faire, je peux monter cette armoire en kit sans problème.*

b) *Je ne voudrais pas que tu fasses plus tard les erreurs que* ***j'ai faites*** *dans ma jeunesse.*

L'antériorité est exprimée par rapport à un moment présent (*je voudrais* est synonyme de *je désire*, présent → le passé composé. Le subjonctif présent *que tu fasses* exprime une postérité.

223. Réponse **C**

Le verbe *demander que* est suivi du subjonctif. Le verbe principal est au futur et le verbe au subjonctif doit indiquer une postériorité, il faut donc le subjonctif présent. Le subjonctif futur n'existe pas.

224. Réponse **C**

Le subjonctif passé marque l'antériorité, marquée ici par *avant 5 heures*, complément de temps dans la phrase subordonnée même.

225. **a)** Réponse **B**

Le verbe *souhaiter* est suivi du subjonctif, c'est donc l'imparfait du mode subjonctif.

b) Réponse **C**

j'espérais qu'il finirait tôt pourrait être une autre manière d'exprimer l'idée de la phrase. On voit bien ici l'idée de postériorité rendue par le futur dans le passé (finirait).

226. Réponse **C**

Il faut le subjonctif après *je doute que* ; ici, il y a une antériorité par rapport à *je doute.*

227. Réponse **B**

Cf. tableau de la concordance des temps.

Le discours rapporté

Des propos tenus peuvent être rapportés de trois manières différentes :

– **au discours** (ou style) **direct :** il transcrit les paroles exactes du locuteur. On le reconnaît : aux signes typographiques (deux-

points, guillemets, tirets dans les dialogues, points d'interrogation, d'exclamation).
Il lui dit : « T'as d'beaux yeux, tu sais ! »
– **au discours indirect :** les propos sont « résumés » et introduits par un verbe opérateur (de parole, d'opinion...) et subissent des transformations (disparition des marques de l'oralité : syntaxe et vocabulaire familiers, « petits mots du discours » – *bon, euh...* –, modification des connecteurs spatiaux et temporels, des temps si la narration est au passé, et remplacement des pronoms personnels 1re et 2e personne par ceux des 3es personnes, éventuellement).
Il lui dit qu'elle avait de très beaux yeux.
– **au discours indirect libre :** c'est une sorte de mélange des deux styles précédents : mêmes modifications des propos que dans le discours indirect (pronoms, temps, connecteurs), mais sans verbe introducteur et en gardant l'expressivité du discours direct.
Il la regardait amoureusement. Quels beaux yeux !

Les mots interrogatifs et les connecteurs spatiaux et temporels

Discours direct	Discours indirect
Est-ce que ... ?	*... si ...*
Qui (est-ce qui) ... ?	*... qui ...*
Qui (est-ce que)... ?	*... qui ...*
Qu'est-ce qui ... ?	*... ce qui ...*
Qu'est-ce que ... ?	*... ce que ...*
(Samedi) prochain	*(le samedi) suivant*
(Samedi) dernier	*(le samedi) précédent*
Aujourd'hui	*Ce jour-là*
Ce matin / soir	*Ce matin-là, ce soir-là*

➤➤➤

>>>

Discours direct	Discours indirect
Demain, après-demain	*Le lendemain, le surlendemain*
Hier, avant-hier	*La veille, l'avant-veille*
Dans (deux jours)	*(deux jours) plus tard*
Il y a (deux jours)	*(deux jours) avant*
Maintenant	*À ce moment-là*
Ici	*Là*

La concordance des temps dans le discours rapporté

(*Cf.* le tableau dans le chapitre Concordance des temps)

• Si le verbe introducteur est au présent : mêmes temps que ceux du discours direct.

• Si le verbe introducteur est au passé :

Verbes du discours direct	Discours indirect
À l'indicatif	
Présent : « *Je viens* »	Imparfait : *Il m'a dit qu'il venait*
Futur : « *Je viendrai* »	Futur du passé : *Il m'a dit qu'il viendrait*
Futur antérieur : « *J'aurai bientôt fini* »	Futur antérieur du passé : *Il m'a affirmé qu'il aurait bientôt fini*
Imparfait : « *Je le savais* »	Imparfait : *Il m'a dit qu'il le savait*
Passé composé : « *J'ai compris* »	Plus-que-parfait : *Il m'a dit qu'il avait compris*

>>>

>>>

Verbes du discours direct	Discours indirect
Plus-que-parfait : « *J'avais deviné* »	Plus-que-parfait : *Il m'a assuré qu'il avait deviné*
Au subjonctif	
Présent : « *Qu'elle vienne !* »	Imparfait (ou présent)* : *Il m'a demandé qu'elle vînt* (ou *qu'elle vienne*)
Passé : « *Pourvu qu'elle ait compris* »	Plus-que-parfait (ou passé)* : *Il souhaitait qu'elle eût compris* (ou *qu'elle ait compris*)

* Les subjonctifs imparfait et plus-que-parfait sont très peu employés aujourd'hui.
Les temps du conditionnel ne changent pas entre discours direct et indirect.

228. Les marques du discours direct :
Les **deux-points**, les **guillemets**, les **« petits mots »**, les **interjections** (*oh non, eh dis donc*), la **syntaxe** (mise en valeur : *y a mon ordi qu'a encore planté*, la chute du *ne* dans la négation), la **phonétique** (la chute du *u* dans *tu*, du *i* dans *qui*), le **vocabulaire** (la troncation de ordinateur, des expressions familières : *j'y crois pas, planté, l'as de l'informatique*).

229.

Discours direct	Discours indirect
est-ce que ... ?	*Si*
verbe + sujet ... ?	sujet + verbe
qu'est-ce qui ... ?	*ce qui*
qui est-ce qui ... ?	*qui*
maintenant	*à ce moment-là*

>>>

➤➤➤

Discours direct	Discours indirect
cet après-midi	*cet après-midi là*
dans une semaine	*une semaine plus tard*
il y a 3 jours	*3 jours avant*
la semaine dernière	*la semaine précédente*
samedi prochain	*le samedi suivant*

230. Exemple d'un dialogue (entre autres) :
*– **Ma** voiture est au contrôle technique... **S'il te plaît, emmène-moi** chez **mon** garagiste **après-demain**, ça m'arrangerait !*
*– Oui, d'accord, si tu veux. Mais **je** ne **serai** libre qu'à partir de 3 heures.*
*– **Oh, merci !** C'est super sympa ! Tu me rends un grand service, tu sais ! Et ça **t'embêterait** de venir me chercher **ici** ?*
– Non, pas du tout.
*– Comme ça, **on ira** directement et, après, **je rentrerai** avec **ma** voiture.*
L'important est de modifier correctement les pronoms personnels, les possessifs, les temps, les connecteurs.

231. **a) Discours direct :** *Pourquoi... mariée ?*
Indices : point d'exclamation, d'interrogation, inversion du sujet, pronom « je », interjection « mon Dieu ».
b) Discours indirect :
1) *Elle se demandait si... un autre homme* ; indices : verbe introducteur « *elle se demandait* », les propos dans une subordonnée introduite par « *si* » ;
2) *et elle cherchait... connaissait pas.* Indices : verbe opérateur, adjectif interrogatif « *quels* », le pronom à la 3e personne « *elle* ».
c) Discours indirect libre : le reste du texte, jusqu'à « *au nord* », qui traduit le monologue intérieur d'Emma.
Indices : pas de verbe introducteur, la phrase interrogative directe (*que faisaient-elles maintenant ?*), le connecteur « *maintenant* », la forme d'insistance « *mais elle* ».

Les relations logiques

Le raisonnement s'appuie sur des connecteurs qui assurent la cohésion des idées du texte. Ce sont des conjonctions de subordination, de coordination, des prépositions, des locutions, des adverbes...
Certains sont utilisés pour exprimer des catégories différentes mais proches. C'est le contexte, ou le mode du verbe parfois, qui permet de reconnaître la valeur qu'ils expriment.

232. **a)**

cause	concession	condition	conséquence
E	**B**	**D**	**A**

A. *Il était si heureux que plus rien n'avait d'importance* (= *il était heureux de sorte que...*).
B. *Si pauvre qu'il fût, il ne voulait pas s'abaisser à mendier* (= *bien qu'il fût très pauvre...*).
D. *Il pourrait partir si les conditions météorologiques le permettaient* (= *à condition que les conditions météorologiques...*).
E. *Si elle n'a pas répondu, c'est qu'elle ne savait pas* (= *elle n'a pas répondu parce qu'elle ne savait pas*) (mise en valeur de la cause exprimée dans la subordonnée introduite par « *que* »).
b) Réponse **C**
La subordonnée est une proposition interrogative indirecte introduite par *si*.

233.

cause	comparaison	manière	temps
C	**B**	**A**	**D**

A. *Comme on fait son lit on se couche* (= *de la manière dont on fait...*).
B. *Faites comme vous en avez l'habitude* (= *faites ainsi que vous...*).
C. *Comme il y avait beaucoup de neige, on ne pouvait pas circuler* (= *à cause de la neige...*).
D. *Comme j'étais à la banque, l'alarme s'est mise soudain à sonner* (= *pendant que j'étais...*).

234.

but	cause	conséquence	concession
D	**B**	**C**	**A**

A. *Pour être prince, Madame, il n'en est pas moins homme* (Stendhal) (= *bien qu'il soit...*).
B. *Il a été condamné pour avoir circulé sans permis de conduire* (= *parce qu'il a circulé...*).
C. *Il est trop poli pour être honnête* (= *il est extrêmement poli de sorte qu'on doute de son honnêteté*).
D. *Il court tous les jours pour gagner le marathon* (= *dans le but de gagner*).

C'est le temps de l'infinitif qui indique si *pour* exprime la cause ou le but :
pour + infinitif présent : but
pour + infinitif passé : cause

235. **a)** Réponse **C**
C'est le contexte qui permet de distinguer la valeur de *pour que* : but ou conséquence. Ici, on pourrait dire : *on lui a fourni de longues explications de sorte qu'il a finalement compris.*
b) Réponse **B**
Voir explication exercice 3.
c) Réponse **A**
Voir explication exercice 3.
d) Réponse **C**
Passer pour = *comme* d'estimation.
e) Réponse **B**
Pour + adjectif + *que* + être ou *paraître* au subjonctif = *même si.*

236. *Les élèves doivent arriver en 6e en sachant parfaitement lire, écrire et compter.* ***Tels*** *sont les 3 piliers sur lesquels on veut bâtir l'école de demain.* ***Or*** *ce sont ces fondamentaux que l'école de Jules Ferry avait privilégiés en son temps. La République avait* ***alors*** *besoin de bons fonctionnaires.* ***Aussi*** *était-il important d'en former.* ***Mais*** *aujourd'hui ! Il faut reconnaître* ***cependant*** *que trop d'élèves achèvent leur scolarité illettrés.* ***Certes****, l'école n'est pas entièrement*

responsable de cet échec ; il faut ***néanmoins*** *qu'elle assume ses responsabilités et s'inquiète de son inaptitude à former les jeunes esprits.* ***Ainsi*** *pourra-t-elle entreprendre les réformes nécessaires.*
– comparaison : ***tels***
– introduction d'un argument : ***or***
– concession : ***mais***, ***cependant***, ***certes***... ***néanmoins***
– conséquence : ***aussi***
– manière : ***ainsi***
– temps : ***alors***

Les anaphores grammaticales et lexicales

Les **anaphores** permettent d'éviter les répétitions. Elles reprennent donc des mots ou parties de l'énoncé. D'elles dépend la cohésion du texte.
Il y a des anaphores grammaticales (les pronoms) et des anaphores lexicales (synonymes, hyperonymes, nominalisation).

237. **a)** *Le peintre demandait au maçon de l'aider. Mais celui-ci ne savait pas comment faire non plus.*
Dans une proposition qui en suit une autre, le pronom sujet anaphorique ne peut que reprendre le sujet de la proposition précédente. Dans ce texte, « il » doit reprendre « le peintre », et non « le maçon » comme le sens le laisse entendre. Il faut donc trouver un autre anaphorique : ici le démonstratif *celui-ci* évite la répétition et respecte la cohésion du texte.
b) *Il a pris le livre de Katia, lequel a une couverture rouge.*
L'antécédent est ambigu : est-ce le livre (de Katia) ou Katia qui a une couverture rouge ? Dans ce cas, l'emploi du relatif *lequel* (le livre) – *ou laquelle* (Katia) – permet d'ôter toute ambiguïté.

238. *Sa grand-mère a beaucoup compté pour lui et il pense souvent à elle. D'ailleurs, il parle toujours d'elle.*
Les pronoms personnels indirects *en* et *y* ne peuvent avoir comme référent des personnes.

239. Entre autres possibilités :
Le bateau voguait toutes voiles dehors. Ce navire était un joli

trois-mâts, et à chaque fois que le capitaine en voyait un autre, il trouvait que son voilier / le sien était bien plus beau.

L'HOMOPHONIE GRAMMATICALE

Il existe beaucoup d'homonymes grammaticaux, ce qui prête à de nombreuses confusions orthographiques. Pour éviter ces erreurs, on peut les analyser et/ou essayer de leur substituer un équivalent dans la phrase, par exemple davantage et d'avantage :
Il doit travailler davantage (= plus).
Il a plus d'avantage dans cette entreprise (= d'intérêt, de profit, ou des avantages).

240. **a)** *Je ne l'ai revu que* ***quelques fois*** (un certain nombre de fois).
b) *Il s'est présenté à l'examen* ***quelques fois*** (un certain nombre de fois).
c) ***Quelquefois*** (parfois) *nous allions au bord de la mer.*

241. **a)** *Nous viendrons* ***quelle que soit*** *l'heure du rendez-vous.*
(*quelle*, adjectif indéfini composé, attribut de *heure*, pour exprimer une concession.)
b) ***Bien qu'elle*** *ait des amis, elle se sent seule.*
(*bien que* + *elle*, avec élision du *e* de *que* devant la voyelle initiale de *elle*.)
c) *Ils étaient* ***quelque*** *cinq cents.*
(*quelque*, adverbe, invariable, signifie *environ*.)
d) ***Quelques*** *connaissances* ***qu'elle*** *ait sur ce sujet, elle ignore encore beaucoup de choses.*
(*quelques*, adjectif indéfini, pluriel, pour exprimer la concession.)
e) *Nous avons évoqué ce problème il y a* ***quelque*** *temps.*
(adjectif indéfini, singulier = un certain.)

242. **a)** *Tu seras critiqué* ***quoi que*** *tu aies entrepris* (= quelle que soit la chose que).
b) *Je n'irai pas* ***quoi que*** *tu en penses.*
c) *Si vous avez besoin de* ***quoi que*** *ce soit, demandez-le-moi.*
d) *Il viendra avec nous* ***quoiqu****'il soit très malade.* (= bien que).

Quoi que et *quoique* expriment la concession. On trouve *quoi que* avec les verbes *penser, dire, faire*, ou tout autre verbe transitif dont le COD sera *quoi*.
Quoique = bien que

243. **a)** *Il aurait dû s'expliquer* ***plus tôt*** *qu'il ne l'a fait, on aurait pu l'aider* ***plutôt*** *que le critiquer.*
(*plus tôt* ou *plus tard*, *plutôt* ou *au lieu de*)
b) Ils sont ***prêts à*** partir et nous ne sommes pas ***près de*** les revoir.
(*Près de* ou *sur le point de*, *prêt à* ou *préparé à*)
c) *Art, philo, littérature ! Il* ***sait*** *que* ***ces*** *matières n'ont aucun débouché et* ***c'est*** *pour cela que* ***ses*** *études, il les fait en sciences économiques.*
(*sait* ou *pense* ; *ces* ou *celles-ci* ; *c'est* ou *c'était* ; *ses* ou un autre adjectif possessif, *mes, leurs*)

244. **a)** *Il ne se soucie pas du* ***qu'en****-dira-t-on, mais reste sur son* ***quant****-à-soi* ***quand*** *il est face à des inconnus.*
(*qu'en* ou *que dira-t-on de cela* ; *quant à* ou *en ce qui concerne* (ici, il s'agit d'une expression invariable signifiant garder ses distances), *quand* ou *lorsque*)
b) *Ici* ***ou*** *là, il va* ***là où*** *sa curiosité,* ***voire*** *sa témérité, l'****a*** *porté,* ***sans s'en*** *faire : il veut tout* ***voir*** *du monde.*
– *ou* : conjonction de coordination/*où* : pronom relatif
– *là* ou *là-bas* ; *la* ou *une, le* ; *l'a* ou *l'ont, l'avait...*
– *sans* ou *ne... pas de* ; *s'en* ou *se... de souci*
– *voir* ou *découvrir* ; *voire* ou *et même*
c) *L'examen a lieu* ***dans*** *un an et les candidates ne cessent* ***d'en*** *parler entre elles ;* ***si*** *certaines ne* ***s'y*** *préparent pas déjà,* ***c'est qu'elles*** *ne sont pas* ***si*** *motivées* ***qu'elles*** *le disent.*
Dans ou *plus tard* ; *d'en* ou *de cela*
Si ou *puisque* ; *s'y* ou *se, à cela* ; *si* ou *tellement* ; *qu'elles* ou *qu'ils*

245.

	négatif	**explétif**
a) *Il ne peut venir.*	✘	
b) *Il est plus rapide que je ne le pensais.*		✘

►►►

>>>

	négatif	explétif
c) *Je ne saurais vous dire.*	✘	
d) *Il n'est là que pour quelques jours.*	✘	
e) *Il n'est pire eau que l'eau qui dort.*	✘	
f) *Faisons vite, avant qu'il n'arrive.*		✘
g) *Il n'est pas d'homme qui ne désire être heureux.*	✘	
h) *Je crains que vous ne vous soyez trompé.*		✘

Ne est adverbe négatif : *ne... pas, ne... rien, ne... que* (restriction), etc.
Après *pouvoir* ainsi que *savoir* au conditionnel, le deuxième terme (*pas*) de la négation disparaît en langue soutenue (*je ne saurai vous aider, je ne peux vous dire*).
Mais *ne* est aussi employé sans valeur négative dans certaines propositions subordonnées qui sous-entendent une idée de négation. On l'appelle « explétif ». Il n'est pas obligatoire, mais est très souvent employé après *avant que, à moins que, de peur, de crainte que*, une comparaison exprimant une opinion...

Les mots à nature variable

246. **a1** (exclamatif), **b2**, **c3**, **d1** (de négation), **e4**

247. **a2**, **b3**, **c1**, **d2**, **e1**

248. **a1**, **b2**, **c3**, **d1** (d'intensité), **e1** (de comparaison)

LE SENS DES MOTS

Questions 249 à 272 • p. 63

Il n'y a pas de synonyme ou d'antonyme exacts.
Les **synonymes** ont à peu près le même sens. Mais ils peuvent varier par des nuances :
– de degré (*regarder, observer, détailler...*) ;
– de précision (*un bateau, une péniche, un voilier...*) ;
– affectives (*léger, aérien, inconsistant...*) ;
– de registre de langue (*livre, ouvrage, bouquin, œuvre...*) ;
– d'évolution de la langue (*gazette, journal...*).
Un **antonyme** est un mot de sens opposé (*aimer/détester*).
Les **paronymes** sont des mots proches par leur orthographe mais qui ont un sens différent. Ils prêtent souvent à confusion (*enduire/induire*).
Les **homonymes** sont des mots de sens différents qui se prononcent de la même façon. Ils peuvent avoir une orthographe identique, ce sont alors des **homographes** (*le livre, la livre*), ou avoir une orthographe différente, ce sont des **homophones** (*saint, sein, sain*).

Antonymie et synonymie

249.

	antonyme	synonyme
a)	*lent*	*alerte*
b)	*pastel/terne*	*intense*
c)	*mûr*	*immature*
d)	*légère*	*sévère*
e)	*douce*	*rude, sévère*
f)	*mou*	*inconfortable*
g)	*peureux*	*courageux*
h)	*méchante*	*gentille, bonne*

250. **a)** *couper*
b) *appréhender*
c) *enrayer*
d) *réfréner*
e) *endiguer*
f) *interrompre*

Paronymie

251. **a)** Il a *un* ***infarctus*** *du myocarde.*
b) ... *le* ***précepteur*** *des enfants...*
c) Il l'a ***induite*** *en erreur.*
d) Il a *une* ***éruption*** *de boutons.*

252. **A. b)** *effraction*
B. a) *infractions*
C. c) *partial*
D. d) *partielles*
E. f) *inclination*
F. e) *inclinaison*
G. h) *collision*
H. g) *collusion*

Homonymie

253. *Je viens d'acquérir ce* ***fonds*** *de commerce. Avant d'ouvrir au public, j'en ai profité pour refaire faire à neuf la salle de restauration qui ouvre désormais de* ***plain-pied*** *sur la terrasse. Mais j'ai un sérieux* ***différend*** *avec l'entreprise qui a fait les travaux. Elle a lésiné sur la qualité des moulures, des* ***plinthes*** *et des corniches de la pièce centrale. Je veux qu'elle refasse tout à ses* ***dépens****. Qu'est-ce que je suis* ***censé*** *faire pour obtenir gain de cause ?*

254. **a)** *le conte*
b) *un cor* (au pied) ; *un cor de chasse*
c) *le fin* (proportion de métal précieux dans un alliage)
d) *la foi*

e) *une livre* (anglaise)
f) *un pair* (de France) ou 1/2 kilo
g) *un sceau*
h) *vert, vers, ver*
i) *ceint, sein*

255.

	antonymie	**synonymie**	**paronymie**	**homonymie**
a)			✗	
b)			✗	
c)		✗		
d)	✗			
e)				✗
f)			✗	

Euphémisme, litote, hyperbole, périphrase

Ce sont des figures de pensée qui permettent de produire un effet.
Euphémisme : adoucit une idée désagréable (*un malvoyant* pour *un aveugle*).
Litote : c'est dire moins pour suggérer davantage (*je ne déteste pas* pour *j'aime*).
Hyperbole : met en valeur la pensée par l'exagération (*les dieux du stade* pour *les sportifs*).
Périphrase : dit en plusieurs mots (sans exagération ou atténuation) ce qu'on peut dire en un seul (*la planète bleue* pour *la Terre*).

256.

	euphémisme	**litote**	**hyperbole**	**périphrase**
a)		✗		
b)	✗			
c)				✗

>>>

	euphémisme	litote	hyperbole	périphrase
d)			✗	
e)				✗
f)			✗	
g)		✗		
h)	✗			
i)			✗	
j)	✗			
k)		✗		

257. **a)** litote : **4)** *il n'est pas rare*
b) euphémisme : **1)** *troisième âge* (= les retraités) ; **2)** *pouvoir d'achat confortable* (= aisés)
c) périphrase : **5)** *aux quatre coins du monde* (= partout)
d) hyperbole : **3)** *fous de voyage* ; **6)** *cohortes entières* ; **7)** *les trésors de l'humanité*

Dénotation et connotation

La dénotation : le sens du mot, neutre, tel que le définit le dictionnaire.
La connotation : les sens particuliers pris par un mot ou un énoncé dans son contexte.

258. Hors contexte, ces mots peuvent être associé à :
a) le feu : *la chaleur, la passion, la guerre, l'hiver, le danger...*
b) le chat : *l'indépendance, la cruauté, la souplesse, la douceur, le foyer...*
c) le laurier : *le sud, la victoire, la cuisine, la remise des prix...*
d) l'océan : *l'immensité, le voyage, le danger, l'aventure, les pirates, l'environnement...*

259. **a)** ironique : *toujours les mêmes, quelle blague, libres, rebelles, joli mois de mai, meilleur traiteur, on se le demande, home cinéma, meilleur traiteur*

b) sociale : *la manif, y avait, c'est ça...* la langue familière (vocabulaire et syntaxe) traduit les sentiments, la pensée du locuteur
c) dépréciative : *soixante-huitards, se faire croire, quelle blague,*
d) politique : *la manif, rebelles, sur la brèche*
e) historique : *mai 68*

260. Dans les phrases suivantes, remplacez le verbe souligné de façon à donner une connotation péjorative ou négative selon leur sens général
a) ... ***abandonner*** *les cours...*
b) ... ***maîtriser*** *son cheval...*
c) ... ***perd*** *son temps...*
d) ... ***consacre*** *son temps...*

Néologisme et barbarisme

Néologisme : emploi d'un mot nouveau soit importé d'une autre langue, soit créé, ou d'un mot existant qui prend un autre sens.
Barbarisme : emploi d'un mot inventé, déformé ou mal employé.

261. *Il surfe sur la Toile, persuadé qu'il y trouvera un moyen de solutionner ses problèmes pécuniers.*
– *Surfer :* verbe créé sur le mot anglais *surf.*
– *La toile :* sens nouveau du mot *toile* pour traduire *web*, le réseau Internet.
– *Solutionner :* pour les puristes, c'est un barbarisme car le verbe *résoudre* existe. Il est cependant très usité.
– *Pécuniers :* barbarisme car le mot correct est *pécuniaire.*

262. Réponses **B**, **D**, **E**, **H**, **I**, **L**, **M** et **O**
A : Le caparaçon est ce dont on couvre un cheval de bataille pour le protéger. Ce mot ne vient pas de carapace mais de l'espagnol *caparazon*, qui viendrait de *capa*, le manteau.
N : On dit la réouverture, mais le verbe est rouvrir.

Les préfixes

Les préfixes sont des morphèmes de la catégorie des affixes. Ils précèdent le radical des noms, adjectifs ou verbes et en modifient le sens.
Ils ont une origine latine ou grecque, et peuvent être homonymes ou synonymes (ex. : *a-* dans *apporter*, *amoral* ou *abstraire*).

263. Réponse **D**
Pour savoir si un mot est précédé d'un préfixe, on recherche son radical, ici *dé-border*, ce qu'on ne peut pas faire avec les autres verbes.

264.

« mouvement vers » (du latin *ad*, *vers*)	« sans » (du grec *an*, *sans*)	« mouvement loin de » (du latin *ab*, *loin*)
b) d) e)	f) g) h) i)	a) c) j)

Certains préfixes sont homonymes

265. – *contredire* : latin *contra, contre*
– *interdire* : latin *inter*, relation entre deux, espacement
– *maudire* : latin *male, mal* (*maudire : souhaiter du mal*)
– *médire* : latin *male* (*médire* : *dire du mal*)
– *prédire* : latin *prae, avant*
– *redire* : latin *re*, de *nouveau*

266. *Syllabe, symbiose, symbole, symphonie, sympathie, symptôme, synergie, synchrone, syncrétisme, synonyme, synopsis, synthèse, syntonie, système...*

267. – *Dé-* (*dis*) : faire/défaire ; continu/discontinu ; paraître/disparaître...
– *In-* (*il, im, ir*) : égal/inégal ; probable/improbable ; légal/illégal ; réel/irréel ; responsable/irresponsable ; mature/immature...
– *Mé-* (*mal, més*) : content/mécontent ; heureux/malheureux ; entente/mésentente...
N.B. : notez l'orthographe ou la forme que prend le suffixe en fonction de la première lettre du mot qu'il précède.

Les suffixes

Les suffixes sont des morphèmes de la catégorie des affixes. Ils suivent le radical des noms, adjectifs ou verbes et en modifient le sens.
Beaucoup ont une origine latine ou grecque. Ils peuvent être homonymes ou synonymes (*-age* et *-ure* pour indiquer un ensemble comme *feuillage* et *chevelure*).

268. **a)** Réponses **B** et **C**
b) Réponse **D**
c) Réponse **A**

269. **a)** Réponse **D** (*fébrifuge, ignifuge...*)
b) Réponse **A** (*insecticide, régicide, fratricide, fongicide...*)
c) Réponse **F** (*doryphore, photophore...*)
d) Réponse **C** (*névralgie...*)
e) Réponse **B** (*monarque, oligarque...*)
f) Réponse **E** (*prognathe*)

270. **a)** *philatéliste* (du grec : *phil*, aimer, et *ateleia*, exemption d'impôt)
b) hypostyle (du grec : *hypo*, sous, et *style*, colonne)
c) *mélomane* (du grec *melos*, chant, et *mane*, fou)

271. **a)** -vore → -phage : (*manger*) *anthropophage*
b) -multi → poly- : (*nombreux*) *polychrome*
c) -uni → mono- : (*un, seul*) *monotone*

272. **a)** *andro/gyne* : des éléments d'origine grecque *andros*, homme, et *gyne*, femme. Un androgyne est une personne qui tient des deux sexes.
b) *fébri/fuge* : des éléments latins *febris*, la fièvre, et *fugere*, fuir. Un fébrifuge est un remède qui fait baisser la fièvre.

L'ANALYSE

Questions 273 à 300 • p. 72

Analyse grammaticale

273. **a)** *hôtel* : nom commun, masculin singulier, complément circonstanciel de lieu
b) *avant* : préposition de temps
c) *deux* : adjectif numéral cardinal, invariable, épithète du sujet *amants*
d) *qu'* : pronom relatif, masculin singulier, ayant pour antécédant *appartement*, COD du verbe *prit*.
e) *du* : article défini contracté masculin singulier
f) *le* : pronom personnel, masculin singulier, complément d'objet direct de *fit*, mis pour *Lucien*
g) *précipitamment* : adverbe de manière, précise le sens du verbe *s'habilla*
h) *prétentions* : nom commun, féminin pluriel, complément circonstanciel de concession du verbe *existe*
i) *tout* : adjectif indéfini, masculin singulier, détermine le nom *voyageur*
j) *ces* : adjectif démonstratif, masculin pluriel, détermine le nom *nuages*
k) *réveil* : nom commun, masculin singulier, sujet du verbe *laisse*
l) *misérable* : adjectif qualificatif, masculin singulier, attribut du nom *carreau*

274. **a)** *il s'habilla* : *Lucien*
b) *il existe* : pas de référent, verbe impersonnel
c) *il eût* : *Lucien*

275. **a)** un adjectif qualificatif épithète : *ignobles, seul, riche, brusque, froide, passés, frotté, mauvais*
b) un article indéfini : ***une*** *chambre,* ***une*** *de ces ignobles chambres,* ***un*** *seul hôtel,* ***un*** *brusque réveil*
c) un adjectif possessif : ***son*** *chez soi,* ***sa*** *Louise*
d) un nom sujet réel du verbe : *un seul hôtel*

276. **a)** *Les hommes de la **nature** :* nom commun, féminin singulier, complément du nom *hommes*
*parlent de la **nature** :* nom commun, féminin singulier, complément d'objet indirect du verbe *parlent*
b) ***les** hommes :* article défini, masculin pluriel, détermine le nom *hommes*
*on **les** appelle :* pronom personnel, masculin pluriel, complément d'objet direct du verbe *appelle*

277. *avoir été blessés* : verbe *blesser*, 1er groupe, temps passé, mode infinitif, voix passive
inquiets : adjectif qualificatif, masculin pluriel, attribut du pronom sujet *on*
leur : adjectif possessif, masculin singulier, détermine le nom *retard*

278. complément circonstanciel de condition

279. complément circonstanciel de temps
Si « *le matin* » était COD, il y aurait des guillemets (*il écrit « le matin » dans...)* pour éviter toute ambiguïté.

280. complément d'objet second

281.

	complément d'objet second	**complément d'attribution**	**complément d'objet indirect**
Il téléphone à son médecin.			✘
Il dicte une lettre à sa secrétaire.	✘		
Il s'adresse aux spectateurs.			✘
Il prête des livres à ses élèves.		✘	

282. attribut du COD *tout le monde*

283. **a)** *qui :* pronom interrogatif, attribut du sujet inversé *tu*
b) *qui :* pronom interrogatif, sujet du verbe *vient*

c) *qui* : pronom relatif ayant pour antécédent *quelqu'un*, masculin singulier, complément d'attribution du verbe *donnerait*
d) *qui* : pronom relatif, ayant pour antécédent le pronom *vous*, sujet du verbe *avez appelé*

L'analyse logique

La proposition est constituée par l'ensemble des mots qui se rapportent au même verbe. Il y a donc un seul verbe par proposition, qui est en général accompagné d'un sujet, de compléments, d'attributs.
On distingue plusieurs sortes de propositions :
– les propositions indépendantes : elles n'ont pas de subordonnée ;
– les propositions principales : elles ne sont pas subordonnées et d'elles dépend une (ou plusieurs) proposition subordonnée ;
– les propositions subordonnées : elles dépendent d'une proposition principale et remplissent des fonctions de sujet, d'attribut ou de complément d'une autre proposition, en général principale. Elles sont introduites par un terme de subordination (une conjonction de subordination, un pronom relatif, un mot interrogatif).
Les propositions peuvent être coordonnées (reliées par une conjonction de coordination) ou juxtaposées (reliées par une virgule).
Il existe différentes propositions subordonnées.
– **Les relatives :** introduites par un pronom relatif représentant un nom ou un pronom de la proposition précédente et qui se trouve en général devant lui (c'est l'antécédent). Les pronoms relatifs sont *qui, que, dont, où, lequel..., quoi*. Leur fonction : complément de l'antécédent.
– **Les conjonctives :**
• Les complétives : introduites par *que*. Leur fonction : COD du verbe principal (parfois sujet).
• Les circonstancielles : introduites par des conjonctions ou des locutions, exprimant la cause, la conséquence, le temps, la condition, la comparaison, le but... Leur fonction : complément circonstanciel d'un verbe.

• Les interrogatives indirectes : introduites par un mot interrogatif. Leur fonction : COD.
• Les participiales : ne sont introduites par aucun mot subordonnant. Le verbe est au participe présent ou passé avec un sujet propre.
• Les infinitives : ne sont introduites par aucun mot subordonnant. Le verbe est à l'infinitif avec un sujet propre.
• Proposition elliptique : quand le sujet ou le verbe n'est pas exprimé.

284. **a)** Il a visité un château où Léonard de Vinci avait travaillé (subordonnée relative).
b) Je ne sais pas s'il viendra (subordonnée interrogative).
c) Malgré les embûches, il est arrivé à ses fins (pas de subordonnée).
d) Nous irons nous promener *à condition qu'il fasse beau* (circonstancielle hypothétique).
e) Il est resté chez lui *parce qu'il était malade* (circonstancielle causale).
f) Je pense qu'il comprend bien (subordonnée conjonctive).
g) *Pour peu qu'il attende*, il sera en retard (circonstancielle concessive).
h) Tu marches *si vite que je ne peux pas te suivre* (circonstancielle de conséquence).

285. **a)** 2
Embrassez : proposition principale ; *qui... :* proposition relative sans antécédent, COD de la principale
b) 1
Proposition indépendante
c) 2
Elle entendait : proposition principale ; *les enfants jouer... :* proposition subordonnée infinitive
d) 3
Le dîner terminé : proposition subordonnée participiale ; *et la vaisselle faite :* proposition subordonnée participiale coordonnée à la précédente par *et* ; *il s'installait... :* proposition principale

e) 2
Que cette célèbre actrice... : proposition subordonnée conjonctive, sujet du verbe principal ; *était le cadet...* : proposition principale

286. Réponse **B**
A. C'est une proposition subordonnée complétive « *que* » ne représente pas « *impression* ».
B. On peut réécrire la phrase : « *la scène lui avait laissé une mauvaise impression* », on voit que « *que* » est bien pronom relatif COD ayant pour antécédent « *impression* ».

287.

Subordonnée attribut du sujet	Subordonnée circonstancielle	Subordonnée complétive	Subordonnée sujet réel	Subordonnée relative
c avec le verbe *être*, il n'y a pas de COD.	e exprime une concession	b est COD de *comprend*	d *Il* est sujet apparent d'un verbe impersonnel	a introduite par *que*, antécédent *voyages*

288. – *Le discours étant terminé* : proposition subordonnée participiale, complément circonstanciel de temps.
– *c'était maintenant l'heure du débat* : proposition principale.
– *L'orateur écoutait maintenant les questions* : proposition principale.
– *qu'on lui posait en prenant des notes* : proposition relative, complément de l'antécédent *questions*.
– *et préparait déjà les réponses* : proposition indépendante, coordonnée à la principale par *et*.

L'analyse logique et grammaticale

289. *Bien qu'ils n'aient pas été authentifiés* (1)/*les deux tableaux découverts dans un grenier* (2)/*qui ont été attribués au Caravage* (3)/ *ont fait sensation* (2)/*et attirent tant de curieux dans l'aile du château* (4)/ *où ils sont présentés* (5)/*que leur exposition est prolongée* (6).

290. **1)** *Bien qu'ils n'aient pas été authentifiés :* proposition circonstancielle de concession ;
2) *les deux tableaux découverts dans un grenier ont fait sensation :* proposition principale ;
3) *qui ont été attribués au Caravage :* proposition relative ;
4) *et attirent tant de curieux dans l'aile du château :* proposition principale coordonnée à la première principale par *et ;*
5) *où ils sont présentés :* proposition relative ;
6) *que leur exposition est prolongée :* proposition circonstancielle de conséquence.

291. Réponse **D**

292. **a)** proposition indépendante
b) *elle se ramassait sur ses grandes jambes :* proposition indépendante ;
puis, d'une détente brusque, les allongeait subitement, roides comme deux barres : proposition principale, coordonnée à la proposition indépendante par *puis* ;
tandis que, l'œil tout rond avec son cercle d'or, elle battait l'air de ses pattes de devant : proposition subordonnée circonstancielle de temps, introduite par *tandis que*, dépendant de la proposition principale ;
qui s'agitaient comme des mains : proposition subordonnée relative, dépendante de l'antécédent *pattes de devant.*
c) *Mais il ne put l'achever :* proposition indépendante ;
car des sanglots lui revinrent si pressés, si tumultueux : proposition principale, coordonnée à la proposition indépendante par la conjonction de coordination *car* ;
qu'ils l'envahirent tout entier : proposition subordonnée circonstancielle de conséquence, introduite par la conjonction *que*, dépendant de la proposition principale « *des sanglots...* ».

293. **1)** *béatitude :* nom commun, féminin singulier, complément du nom *minutes*
2) *cet :* adjectif démonstratif, masculin singulier, détermine le nom *alanguissement*

3) *suit :* verbe *suivre*, temps présent, mode indicatif, 3e personne du singulier, voix active, sens transitif
4) *envies :* nom commun, féminin pluriel, sujet réel du verbe *venait*
5) *lui :* pronom personnel, mis pour *Simon*, 3e personne du singulier, complément d'objet indirect du verbe *échappa*
6) *que :* pronom relatif, ayant pour antécédent « *efforts* », masculin pluriel, complément d'objet direct de *faisait*
7) *la bête :* nom commun, féminin singulier, sujet du verbe *faisait*
8) *pour :* préposition, introduit un complément circonstanciel de but
9) *roides :* adjectif qualificatif, féminin pluriel, attribut du pronom personnel complément d'objet direct *les* mis pour *jambes*
10) *deux :* adjectif numéral cardinal
11) *tout :* adverbe d'intensité, précise le sens de l'adjectif *rond*
12) *clouées :* verbe *clouer*, temps passé, mode participe, 3e personne du pluriel, voix passive
13) *tristesse :* nom commun, féminin singulier, complément d'agent du participe passé *pris*
14) *rien :* pronom indéfini, invariable, complément d'objet direct de *voyait*

294. **a)** article indéfini, féminin pluriel (*des* + nom → *de* + adjectif)
b) article contracté, masculin pluriel

295. Réponse **C**

296. Réponse **C**

Les différents types de textes

Il existe différents types de textes, qui se reconnaissent entre autres à leur construction, aux temps et modes qu'ils utilisent de préférence, aux connecteurs qu'on y rencontre :
- **Les textes argumentatifs :** ils exposent des idées, des opinions, cherchent à convaincre par des raisonnements logiques.
- **Les textes descriptifs :** ils décrivent des scènes, des événements, des personnages.

- **Les textes narratifs :** ce sont des récits.
- **Les textes injonctifs :** ils ordonnent.
- **Les textes explicatifs :** ils donnent des explications sur des sujets complexes.
- **Les textes informatifs :** ils donnent des renseignements, sans argumentation.
- **Les textes poétiques :** ils cherchent à susciter des émotions chez le lecteur.

Le plus souvent, les textes ne sont pas exclusivement d'une seule nature. On trouve souvent des passages descriptifs dans les textes narratifs, des passages informatifs dans les textes argumentatifs, etc.

297. **A. e)**
B. b)
C. d)
D. c)
E. a)

298. **a)** descriptif : **2)** *La pauvre bête avait maintenant la patte avant droite bandée et son oreille fendue en deux s'ornait de deux agrafes.*
b) explicatif : **4)** *Ce médicament est un antibiotique qui permet d'éviter les complications liées à sa blessure.*
c) injonctif : **3)** *Vous lui donnerez deux fois par jour ces petites pilules. Le plus simple est de les introduire dans sa pâtée, mais vérifiez bien qu'il ne les régurgite pas.*
d) narratif : **1)** *Il ouvrit le panier et y déposa le chat que le vétérinaire venait d'examiner.*

299. **a)** descriptif
b) narratif

300. Réponse **D**
Les règles de jeu sont toujours des textes injonctifs.

	☺	😐	☹		☺	😐	☹		☺	😐	☹		☺	😐	☹
L'adjectif				39				78				119			
1				40				79				120			
2				41				80				121			
3				42				81				122			
4				43				82				123			
5				44				83				124			
6				45				84				125			
7				46				85				126			
8				47				86				127			
9				48				87				128			
10				49				88				129			
11				50				89				130			
L'adverbe				51				90				131			
12				52				91				132			
13				53				92				133			
14				54				93				134			
15				55				94				135			
16				56				95				136			
17				Le pronom				96				137			
18				57				97				138			
19				58				98				139			
20				59				99				140			
21				60				100				141			
22				61				101				142			
23				62				102				143			
24				63				103				144			
25				64				104				145			
26				65				105				146			
27				66				106				147			
28				Le verbe				107				148			
Le nom				67				108				149			
29				68				109				150			
30				69				110				151			
31				70				111				152			
32				71				112				153			
33				72				113				154			
34				73				114				155			
35				74				115				156			
36				75				116				157			
37				76				117				158			
38				77				118				159			

	☺	😐	☹
160			
161			
162			
163			
164			
165			
166			
167			
168			
169			
170			
170			
172			
173			
174			
175			
176			
177			
L'orthographe			
178			
179			
180			
181			
182			
183			
184			
185			
186			
187			
188			
189			
190			
191			
192			
193			
194			
195			

	☺	😐	☹
196			
197			
198			
199			
200			
201			
202			
203			
204			
205			
206			
207			
208			
209			
210			
211			
212			
La cohésion			
213			
214			
215			
216			
217			
218			
219			
220			
221			
222			
223			
224			
225			
226			
227			
228			
229			
230			
231			

	☺	😐	☹
232			
233			
234			
235			
236			
237			
238			
239			
240			
241			
242			
243			
244			
245			
246			
247			
248			
Le sens			
249			
250			
251			
252			
253			
254			
255			
256			
257			
258			
259			
260			
261			
262			
263			
264			
265			
266			
267			

	☺	😐	☹
268			
269			
270			
271			
272			
L'analyse			
273			
274			
275			
276			
277			
278			
279			
280			
281			
282			
283			
284			
285			
286			
287			
288			
289			
290			
291			
292			
293			
294			
295			
296			
297			
298			
299			
300			
	☺	😐	☹
Total			

Imprimé en France par Chirat – 42540 Saint-Just-la-Pendue
Dépôt légal : mars 2011 - N° 201103.0051 - Collection 26 - Edition 01
17/1313/0